2025 한국의사수필가협회 공동수필 제17집

사랑은 앞으로 나아간다

2025 한국의사수필가협회 공동수필 제17집

사랑은 앞으로 나아간다

초 판 1쇄 발행 | 2025년 11월 29일

지은이 | 장성구 외
펴낸이 | 홍윤경
북디자인 | 오정화

펴낸곳 | 도서출판 재남
주소 | 서울 송파구 문정로55 101동 1504
대표전화 | 02-585-8108
전자우편 | onionmilk@hanmail.net
출판등록 | 제2014-29호

저작권자 2025 ⓒ 한국의사수필가협회

2025 한국의사수필가협회
공동수필 제17집

사랑은
앞으로
나아간다

장성구 외

재남

옥구슬이 된
염력의 땀방울

장성구
한국의사수필가협회 회장

뙤약볕 약약했던 여름날의 버거움을 감내하며 싹이 튼, 마음의 정을 쏟아낸 튼실한 결실이 아름답습니다. 폭풍우 몰아치고, 검은 구름이 하늘을 뒤덮은 세상을 안타깝게 바라보면서도 깊은 사유로 희망의 끄나풀을 움켜쥐셨습니다. 염력의 땀방울이 가슴에 샘솟을 때 주옥같은 영롱한 구슬이 눈물 따라 와르르 쏟아집니다.

한국의사수필가협회 동인지 제17집에서 회원님들의 옥구슬을 한 알 한 알 꿰어서 보석을 만들었습니다. 이 모든 일은 회원님들의 자발적이고 진지한 참여 속에서 이루어질 수 있었습니다.

이 한 권의 아름답고 귀한 책은 여러 회원님의 마음이 모여서 이루어진 것입니다. 그러므로 한국의사수필가협회라는 여택(麗澤)은 더욱더 맑고 깨끗하며, 청정한 미덕의 연못이 되고 배움의 터전이 되고 있습니다.

오늘 새로 태어난 이 동인 수필집은 우리 집행부 여러 선생님의 우정이 넘치는 협조의 산물입니다. 그러는 가운데 밤잠을 설치며 온갖 열정과 집념으로 가슴 벅찬 역사적인 공든 탑을 쌓아 올리신 분은 간행이사인 장덕민 선생님이십니다. 벌써 몇 년째 공모전 초록집과 동인 수필집을 애지중지하는 마음과 섬섬옥수 미려한 손끝으로 만들어내고 계십니다. 더하여 화룡점정의 화폭으로 표지를 장식해 주신 김석권 부회장님의 그윽한 화풍이 날개를 달았습니다. 김석권 부회장님께서는 우리나라 의료계를 대표하는 문인화의 대가이십니다. 우리 한국의사수필가협회의 동인 수필집을 위하여 화중유시(畵中有詩)로서 극미의 제화시문(題畵詩文)을 보내주고 계십니다. 이에 모든 회원님을 대표해서 회장인 제가 두 분께 큰 감사의 절을 올립니다.

　존경하는 회원님께서도 가족과 함께 2025년 마무리 잘하시고 또 2026년에 다시 한번 희망을 걸어보시기를 바랍니다.

2025년 맹동(孟冬)

한국의사수필가협회

회장 장성구 근서

차례

차례

4부 옥탑방 화실 풍경

5부 좋은 관계

차례

2025년 제15회 한국 의학도 수필공모전
수상작 및 수상소감

2025 한국의사수필가협회 공동수필 제 17집

사랑은 앞으로 나아간다

거긴 사진이 있나요

이경한

거긴
사진이 있나요

여름 휴가철이다. 그 일이 있지 않았더라면 이번 휴가를 해외에서 보냈을 것이다. 하지만 올해는 말조차 꺼내지 못했다. 한밤중 짙은 어둠 같은 깊은 슬픔이 닥쳤다. '자식들 얼굴 보는 게 가장 큰 기쁨'이라고 입버릇처럼 말씀하셨던 어머니를 떠나보낸 것이다. 그날이 오리라는 건 모두 알고 있었다. 그러면서도 그런 일이 일어나지 않을 것처럼 태연히 지냈다. 당신 스스로가 가족들이 호들갑 떠는 것을 원치 않으셨다. 덕분에 그날은 까마득하리라고 생각했었다.

남편이 "여름 휴가로 당신 친정 갈까? 아버님이 어떻게 지내시는지 궁금하기도 하고…"라고 묻는다. 혼자되신 장인을 생각하는 남편의 배려가 심히 고마웠다.

출발지인 부산에서 대구에 가는 내내, 운전하는 남편의 옆자리에 앉아 차창 밖 푸른 산천을 볼 뿐 말이 없었다. 반겨줄 어머니가 없다는 생각이 나를 슬프게 했다. 이제는 우리를 반겨주실 당신이 안 계시다. 남편도 즐겨듣던 음악방송도 틀지 않은 채 내 눈치를 살피며 운전할 뿐이다.

재작년 봄 어느 날, 어머니가 담낭암에 걸리셨다는 청천벽력 같은 소식을 들었다. 그때부터 이 고속도로를 얼마나 가슴 조이며 오갔는지 모른다. 친정집에 도착하면 엄마는 항암치료를 받는 중에도 활짝 웃으시며 우리를 반겨주셨다.

어머니께서 4개월 전에 하늘나라로 떠나셨다. 살아생전, 어려운 살림살이에 자식 오 남매와 시댁 조카들까지 키우고 돌보느라 고생을 많이 하셨다. 천성이 부지런하고 낙천적이어서 급한 성격의 아버지를 다독이고 맞추시며 가정을 잘 이끌어 오셨다. 투병하는 동안 아버지는 그간 못하신 사랑을 한 번에 다 갚으시려는 듯 극진하게 간호하셨다. 어머니는 주무시듯 편안하게 마지막 숨을 거두셨다.

"왔니? 더운데 여기까지 오느라고 고생했다."
수척해진 아버지가 반갑게 우리를 맞으셨다.
"뭘요. 저흰 에어컨 시원하게 틀어놓고 왔어요."
상냥한 태도로 남편이 대답했다.

어머니가 안 계셔서 한꺼번에 확 늙어지신 것 같은 아버지를 뵈니 마음이 저려 왔다.

아버지는 엄마가 바깥바람 쐬는 것을 좋아한다며 거동이 불편한 어머니를 휠체어에 태워 산책하는 것을 일과로 삼으셨다. 어느 가을 날 친정에 갔더니 집이 비어 있었다. 부모님을 찾으러 밖으로 나왔다. 경비아저씨가 "두 분 산책 중이실 거예요. 아버님이 어머니를 휠체어에 태워 나가시더군요. 저쪽에 계실 거예요"라고 말했다. 근처 은행나무 아래에 계신 아버지가 보였다. 가까이 다가서는데 바람이 '쌩' 불어 은행잎이 우수수 떨어졌다. 엄마가 은행잎을 하나 집어 들고 "참 곱기도 하지." 하셨다. "당신도 고와." 엄마를 바라보는 아버지의 표정이 환하게 밝아지셨다. 엄마의 뺨이 수줍은 듯 붉어지셨다.

남편이 아버지께 "좀 여위신 것 같아요."라고 인사를 했다.
"사는 게 지옥이다. 자네 장모가 살아 있을 때가 그래도 좋았네." 아버지의 풀이 죽은 목소리가 들렸다.
"그래도 힘내셔야지요." 남편이 밝은 음성으로 말했다.
저녁이 되었다. 미리 만들어간 반찬을 꺼내 상을 차렸다.
"식사하세요."
친정아버지와 남편이 먼저 앉았다. 남편이 서 있는 나를 보며 "당신도 앉아요."라며 말을 꺼냈다. 내가 앉자 아버지는 주머니에 든 핸드폰을 꺼내놓고 말씀하셨다.

"같이 식사해요. 당신이 좋아하는 둘째 딸과 사위가 왔어요. 내가 한 숟가락 먹을 테니 당신도 한 숟가락 해요."

우리 부부는 갑작스러운 아버지 말씀에 서로 얼굴을 쳐다보았다.

"네 엄마다. 엄마 사진하고 얘기한다. 이리라도 하지 않으면 너무 허전해서 못 견디겠다."

휴대폰을 들여다보는 아버지의 목소리엔 그리움이 가득했다.

순간 나는 눈물이 핑 돌았다.

'사진하고 얘기하다니 정말 힘드시구나.'

마음이 미어졌다. '아버지에게 엄마는 멀리 계시지 않는구나. 항상 함께 계시는구나.' 폰 속의 엄마는 하얀 면사포를 쓰고 계셨다. 오래전 흑백 웨딩사진이다. "양복 입은 아버지가 미남이시네."라고 웃으며 말했다. "젊을 땐 나도 잘 생겼다는 소리 많이 들었지." 아버지의 목소리에 생기가 묻어났다.

다음날 떠날 준비를 하고 아버지께 인사를 드렸다. 극구 말렸지만 아버지는 1층 현관까지 우리를 배웅하셨다. 아파트 정문을 나서려는데 남편이 큰 선심이라도 쓰듯 "장모님 산소에 갑시다."라고 말했다. 고마운 남편.

선영이 있는 칠곡으로 갔다. 선영 주차장에 차를 세우고 산길을 걸었다. 짙은 녹색의 울창한 나무들 사이를 걸었다. 키 큰 나무들 덕분에 걸어도 덥지 않았다. 공기도 맑았다. 어느덧 산소에 도착했다. 푸른 나무들이 병풍처럼 둘러싸인 양지바른 곳이다.

"엄마!" 소리 내어 불러보았다.

"거기서 어떻게 지내세요? 아버지도 없고 자식도 없는 그곳에서 지낼 만해요? 아버지는 엄마를 정말 그리워하던데. 저도 정말 그리운데…" 목이 메었다.

"엄마는 내 꿈에 왜 안 나타나? 내 꿈에는 안 나타나도 되지만 아버지 꿈에는 자주 나타나 주세요." 투정도 하고 애원도 했다.

남편이 제사상을 차리고 다과와 청주를 준비했다. 우리는 절을 했다. 남편이 음복을 한 모금 하고 제사상을 개는 동안 나는 다른 자리에 앉았다. 먼 풍경을 쳐다보았다. 푸른 나무들이 햇볕을 받아 빛이 났다. 우리가 좋았던 시절이 언제였는가를 생각했다. 내가 엄마를 행복하게 해 준 적이 있는지 더듬어보았다. 의과대학에 합격했을 때 장한 딸이라고 누구보다 기뻐하셨던 엄마가 떠올랐다. 남편을 만나 결혼할 때 심성이 어질다며 누구보다 감사해하셨던 엄마. 두 손녀를 너무나 예뻐해 주셨던 엄마가 생각났다. 우리 네 식구와 함께 여행을 갔을 때 같이 있으니 행복하다고 하셨던 엄마가 기억났다.

'엄마! 거기선 그리움을 어떻게 달래시나요? 저희와의 추억을 기억하실 수 있나요? 아버진 엄마 사진을 보면서 그리움을 달래시던데. 저는 시간이란 흐르는 게 아니라고 믿고 싶습니다. 추억 모두가

사진이라고 믿고 싶습니다. 그 추억들은 시간이 갈수록 더 또렷하게
떠오릅니다.'

산소의 잡초를 뽑던 남편이 끝났는지 나를 쳐다보며 말했다.

"내려갑시다. 여기 산세가 참 좋네요."

우리는 손을 잡고 엄마와의 추억을 얘기하며 내려왔다.

이경한

정신건강의학과 전문의

경북 의대 졸업

2013 〈에세이스트〉에서 〈고독의 비명〉으로 등단

2020년 〈에세이스트〉에서 〈지구라는 무대의 연극인〉로 작품상 수상

〈에세이스트〉 116호 문제 작가 특집

이경한정신건강의학과의원 원장, 부산시 동래구 의사회 회장, 한국의사수필가협회 재무이사

이메일 : golee21@naver.com

이병훈

건강한 노인과
아름다운 마무리

　예나 지금이나 사람들은 오래도록 건강하게 살기를 원하였고 또 그동안 자연 과학이 눈부시게 발전하여 이제는 누구나 백 살 인생을 바라보게 되었다.

　그러나 사람의 수명은 몸을 조심하여 아끼면 오래 살 수도 있겠으나 "인생은 신의 손에 쓰인 하나의 동화책에 불과하다"라는 안데르센의 말을 빌리면 인생은 태어날 때부터 정하여진 하나의 촛불에 지나지 않는다고 문학적인 표현을 하고 있다.

　옛날 중국의 어느 도사가 다음과 같이 말했다.

　"사람이 오래 사는가 일찍 죽는가 하는 문제는 늘 하늘에서 타고 난 수명이 있는 까닭인데 이 천명은 하늘과 땅과 부모에게서 받아온

원기력에 의한다. 아버지는 하늘이 되고 어머니는 땅이 되는 법인데 아버지의 정과 어머니의 피가 쇠약해졌는가, 왕성한가에 따라서 자식의 수명도 결정되는 것이다. 부모의 기가 전성기에 태어난 자식은 목숨도 상이나 중을 살 수 있는 법이고 부모 중 한 명이 쇠약하면 자식은 중과 하의 수명을 물려받는다. 그러나 부모가 모두 쇠할 때 잉태하면 단명할 것이다."

옛날 사람들이 늙어가면서도 기력이 좋았던 원인은 "도를 알아서 음양으로 조절하고 술수로 화하여 음식을 조절하며 법도에 따르고, 힘의 낭비를 함부로 하지 않았으므로 신체나 정신이 함께 근신하며 하늘이 준 수명을 다할 수 있었던 것"이라고 철학적으로 표현하고 있다.

한국인의 평균 수명은 1950년에는 45세에서 2023년에는 85세로 무려 40세가 증가했다.

지난 10여 년 동안 현대 의학은 눈부시게 그리고 엄청나게 발전하고 의료 복지가 발전하여 이제는 조심만 한다면 누구나 건강하며 자기 수명까지 오래 살게 되는 세상이 되었다.

65세 이상 노인 인구가 전체 인구의 14%가 넘는 고령사회에서 20%를 초과하는 초고령사회로 진입하는데 걸리는 시간이 일본은 10년이 걸렸고 한국은 7년 4개월에 불과하여 세계에서 가장 빠른 속도라고 놀라워하는 한편 걱정하고 있는 것이다.

현대적인 노화란 사람이 나이가 들면서 신체의 구조와 기능이 점진적으로 저하되며 쇠약해지는 과정을 말한다. 사람이 노화되는 정확한 원인은 아직 밝혀지지 않았으나 이를 둘러싼 수많은 학설이 존재한다. 이를 두 가지로 나누면 하나는 유전자 등에 미리 프로그래밍 되어있다는 것이고 또 하나는 시간이 지남에 따라 퇴행성 변화가 축적돼 발생한다는 것이다.

한국보건의료연구원에서 조사한 바에 따르면 사람들이 생각하는 '좋은 죽음' 6가지 요소는 다음과 같았다.

1. 죽을 때 신체 통증을 느끼지 않는 것
2. 가족이 병시중을 오래 하지 않는 것
3. 가족이 경제적 부담을 느끼지 않는 것
4. 죽음에 대해 심리적 준비를 하는 것
5. 죽을 때 두려워하지 않을 것
6. 내가 원하는 방식을 존중받으며 죽는 것

국민 10명 중 9명 이상은 중증 질환의 말기나 임종기 환자가 됐을 때 연명 의료를 중단할 의향이 있다는 것으로 나타났다. 전문가들은 죽음에 대한 인식이 바뀌면서 연명치료로 인한 고통이나 가족의 간병 부담을 원치 않는 국민이 많아졌다고 한다.

누구든지 자신의 몸 상태에 대해 진실을 아는 것은 인간으로서의 기본 권리이다. 평화롭고 존엄하게 삶을 마무리할 수 있는 건 평생을 충만하게 삶을 살아온 데다가 삶의 마무리를 어떻게 하고 싶은지 평소에 미리 생각해 두었기 때문이고 거기다가 가족들이 그런 생각을 이해하고 존중하기 때문이다.

무엇보다도 중요한 건 본인의 병 상태를 정확하게 알고 있어 갈팡질팡하지 않고 차분하고 담담하게 남은 시간을 잘 보낼 수 있었다는 점이다.

자신의 상태에 대해 사실대로 아는 것은 한번 태어나 언젠가는 죽게 되어있는 모든 인간이 갖고있는 존엄한 권리인 것이다.

항상 건강하고 마지막에는 아름다운 마무리가 되기를 기원한다.

이병훈

2015년 〈한국수필〉로 등단
한국수필가협회 운영이사
한국의사수필가협회 자문위원
한국수필작가회 이사
한국문인협회 회원 / 한국펜클럽 회원
이메일 : bhoonlee@empas.com

김대겸

고추
공화국

식탁은 고추 공화국이다.

찰진 고추 양념으로 덮인 김치가 맛깔스러워 보인다. 대접에 포기째로 담긴 것이 소담한 잔치 중이다. 불그레하고 도톰한 그 속살은 아삭아삭한 소리를 낸다. 낯익은 모습이 입안에선 늘 새로워진다. 간간하고 새금하더니 곧 매콤한 맛이 돈다. '순 고기만'보다 질리지 않는 '순 김치뿐'이다. 그 진가를 발휘시킨 건 고추의 공이 크다. 우리 찬에서 빠질 수 없는 맛. 공화국의 주권은 가히 김치에 있다 할 수 있다.

청양고추가 송송 곁들어진 된장국은 속절없이 개운한 맛이다. 김이 모락모락, 잘박한 국물은 목까지 시원한 여운을 만든다. 두부와

호박이 엉긴 뚝배기는 푸근하게 웃는 얼굴이다. 구수한 맛이 우리 춤사위 같다. 된장은 모가 나지 않는다. 반드시 삼짇날을 택일하여 담갔던 정성의 덕인지 어느 하나 어우르지 못하는 음식이 없다. 어느 계절에도 좋다. 산과 들의 것이든, 바다의 것이든, 진미를 조화시켜 깊고 진한 맛을 가진다. 오늘은 알알한 고추가 그 맛을 더한다. 인기 좋은 고추 된장국이야말로 이번 공화국을 다스리는 으뜸일 것이다.

홍고추는 식탁을 유쾌하게 만든다. 신선로가 아니라도 소박한 찬은 산뜻한 멋을 띠게 된다. 상냥한 여인 같은 동치미는 빨간 고추 입술을 내민다. 나박김치에서 춤을 추는 어허둥둥 멋쟁이다. 호박과 두부 부침개에는 고추로 된 연지 곤지가 빠끔하다. 예로부터 오색 음식이라 하여 붉은 음식은 심장과 소장, 혀에 좋다는데 홍고추 조각을 보고 있자니 우선 눈에도 즐거움이 있다.

반질반질한 것이 감칠맛을 갖는다. 고추장도 좋고 된장도 좋다. 푹 찍어 입에 넣으면 풋풋한 향을 따라 알싸한 맛이 가슴까지 퍼진다. 오이고추 두 개만으로도 상위에는 밥도둑이 든다. 짭짤 아릿한 것에 밥 몇 술을 금세 비운다.

작은 사기 종지에는 언제나 꽃이 핀다. 윤기 나는 그 붉은 빛깔은 정갈하니 곱디곱다. 무슨 꽃인가 들여다보니 오늘은 명란젓이로구나. 세상 어디에서도 볼 수 없는 우리 밥상의 빛깔이다. 고춧가루의 색으로 빚은 그 예쁜 꽃봉오리를 나는 젓가락으로 기어이 뜨고 만다.

식탁을 지키는 것은 고추장이다. 빵과 햄의 거센 공격 속에서도 끄떡없는 보루일 것이다. 먼 여행길이면 꼭 동반하는 근위병이기도 하다. 오랜 타국 생활에 고향 맛이 그리워지면 빵에 발라 먹는 것이 고추장이라 한다. 성대한 찬이 아니어도 좋다. 상추에 고추장, 밥을 쓱쓱 비벼 먹으면 한 끼를 기특하게 채울 수 있다.

고춧가루는 식단에서 만능 일꾼이다. 온갖 찬을 만드는데 불려 다닌다. 무엇보다 손맛이 필요한 무침에는 요긴하게 쓰인다. 그가 없었다면 소주의 영광이 과연 있었을까 생각해본다. 주점을 지배하는 톡 쏘는 소주 한 잔, 뒤따라 매콤한 안주 한입을 떠 넣는다. 어떤 날은 그 기분 좋은 맛으로 하루가 기쁘게 저물어간다. 다음날이면 숙취로 허한 속까지 풀어준다. 일상이 준 피로든, 슬픔이든 잠시 잊게 만드는 위대한 맛이다. 비 오는 날 포장마차의 오랜 친구다. 고춧가루 짙은 탕은 젊은 날 내 실연의 쓸쓸한 고배를 함께 했었다. 삼복더위를 잊는 데에도, 입맛이 뚝 떨어진 데에도 불려 다니는 고춧가루다.

간장 위에 동동 떠 있는 붉은 고추 삼 형제, 한해가 지나도록 간장독을 보초 서 왔다. 고추는 장독을 감은 금줄에도 어김없이 매달려 있다. 혹여 들지 모르는 잡귀를 막기 위해서였다지만 실제 매운 고추 성분은 간장이 숙성하는 동안 잡균을 막는다 한다. 정겨운 지혜, 붉은 고추다. 우리 간장에는 왜간장과 달리 단맛과 향이 있다. 장독에 함께 담가 놓았던 고추와 그 지성의 덕이 아닌가 한다. 간장의 속은 세월에 짙어가고 그 맛은 염원에 깊어간다.

고추는 태양을 먹고 자란다. 태양을 받고 영글어가며 태양의 기운에 그의 매운 성분은 더욱 강해진다. 햇볕이 덜 하고서는 좋은 고추가 나오질 않는다 한다. 태양초라 하여 수확하고 말리는 것이 태양빛 아래에서라면 그 매운맛은 더 해진다. 붉은 열정, 입안이 이글거린다. 태양을 닮은 것일까? 강렬한 매운맛, 입안이 온통 화(火) 하다. 참 미묘한 쾌감이다. 사람은 익어가며 됨됨이를 갖고 고추는 강한 맛을 품어간다.

'고추장 투혼'이라는 말이 있었다. 요즘은 점점 사라져 가고 있는 말이 되었지만 수십 년 전만 해도 신문 기사에서 어렵지 않게 볼 수 있던 말이었다. 우리 탁구팀이 최강 중공을 처음으로 이기던 날, 우리 축구팀이 최강 스페인과 극적으로 동점을 이루던 날, 동방의 무명 선수가 주먹으로 세계를 제패하던 날에도 마찬가지였다. 늘 고추를 먹어온 한국 선수들이 그 맛을 보여주었다는 말들을 했다. 일간지들은 앞다투어 고추를 치켜세웠다. 가난한 나라의 선수들이 정신력만을 가지고 과학 스포츠를 이긴 순간이기도 했다. '작은 고추의 매운맛'은 그 눈물겨운 기적의 상징이었다.

시골길을 걷다, 말리는 고추의 붉은 정취를 만난다. 뜨거운 뙤약볕을 참고 온갖 병마와 싸워왔다. 꿩과 같은 놈들의 공격까지 드디어 견뎌내니 고추는 저 이채롭고 아름다운 풍경을 준다.

우리는 세계에서 고추를 가장 많이 먹는 민족이라 한다. 고추 없이는 식단을 꾸릴 수 없다. 고추가 지배하고 있는 우리의 밥상이다.

온 세상이 색깔로 편을 가르려 하고 있지만 부디 고추에는 그 색깔론을 펴지 마시라. 심심한 것에는 개성을 주는, 나는 그런 고추가 좋다. 붉은 고추면 어떻고 푸른 고추면 어떠한가. 고추 공화국 만세다.

김대겸

대전 효촌푸른의원 원장

한국의사수필가협회 조직·홍보이사

2013년 〈수필과 비평〉 등단

저 《삶과 죽음의 갈림길에서》

이메일 : calne@hanmail.net

김금미

그런 분이
아니었습니다

갑자기 병원 대기실에서 쿵 소리가 났다. 에어컨을 틀고 가만히 있어도 땀이 흐르던 늦여름의 오후, 나는 조용히 진료 중이었다. 밖에서 누군가 육중한 몸이 넘어졌는지 모두를 놀라게 할만한 큰소리가 났다. 대기실에서 웅성거리는 소리와 낮은 탄식이 진료실까지 들려왔다.

얼굴이 하얗게 질린 간호실장이 진료실로 뛰어 들어왔다.

"원장님 나와보셔야겠어요. 김○○ 님이 병원에 들오자마자 의자 위로 쓰러지셨어요. 그런데…"

뒷말을 잇지 못하는 간호실장의 당황한 얼굴빛에 나는 심정지가 발생했나 싶어 진료실 안에 환자를 두고 청진기를 챙겨 대기실로 황급히 나갔다.

김OO 환자가 대기실 긴 의자에 누워있었다. 늘어난 흰 내의와 셔츠에 빛이 바랜 하늘색 반바지를 입고 맨발에 슬리퍼를 신은 채 누워있었다. 시선은 멍하니 천장을 바라보고 긴 3인용 대기실 의자에 누워 설명할 수 없이 역한 오물의 냄새를 퍼뜨리고 있었다.

"따님의 부축받아 들어오면서 변을 지리셨는데, 양이 너무 많아요. 그냥 이 바닥이 전부…"

간호실장은 어떻게 할지 몰라 당황하다가 팔을 걷어붙이고 장갑을 끼었다. 김OO 님의 옆에는 땀인지 눈물인지 모를 물기가 얼굴에 뒤덮인 채 숨을 몰아쉬는 딸이 있었다. 한 달 전에도 아버지를 살갑게 부축하며 같이 왔던 딸은 질끈 묶은 머리와 헐렁한 반소매 셔츠가 모두 땀에 절은 채 연신 아버지가 저지른 사고를 수습하느라 가지고 있는 화장지를 모두 풀어헤치고 있었다.

김OO 님은 어제부터 소화가 안 되어 식사를 못했고 갑자기 기력이 쇠해지면서 오늘 오전에 대학병원 응급실을 갔지만, 그곳에선 해줄 것이 없다는 말을 듣고 영양제라도 맞기 위해서 우리 의원에 딸과 함께 온 것이었다. 그런 그가 갑자기 우리 병원에 들어서는 순간 변을 지리기 시작하였고, 상상할 수 없이 많은 양이었다. 그는 더 이

상 견딜 수 없어 조절하지 못하고 대기실의 긴 의자에 누워 생리현
상을 계속 이어갔다. 누구나 하는 생리현상이었다. 다만 장소가 잘
못되었을 뿐. 병원 대기실은 갑자기 오물 폭탄을 뒤집어쓴 듯했다.

김OO 님의 딸과 직원들이 함께 연신 아버지의 배설물을 치웠지
만 역부족이었다. 90킬로는 되어 보이는 환자가 깔고 있는 배설물
을 모두 해결하기는 어려웠다.

"아버지는 원래 이런 분이 아니었어요…절대 이런 분이 아니었어요."
딸이 혼잣말을 했다. 김OO 님은 눈을 뜨고 있었다. 나는 환자의
상태를 살폈다. 다행히 활력 징후는 괜찮았다. 체념한 듯 초점 없는
눈은 지금 상황에 대해 체념한 것 같았다. 나는 보호자인 딸에게 설
명했다.

"환자분 상태가 특별히 중병이 있는 건 아니지만, 전체적으로 기
력이 심하게 쇠하셔서 이 상태로는 집으로 가실 수도 없고, 대학병
원에 입원 허가가 나지도 않을 것 같아요. 요양병원으로 가셔야 할
것 같습니다. 이 근처 요양병원에 연락을 해봅시다."
딸은 아버지를 바라보며 이렇게 대답했다.
"아버지는 원래 이런 분이 아니에요. 이런 분이 절대 아니에요. 얼마나 깨
끗하셨다구요."
"네 압니다. 저도 아버님을 잘 알아요. 그리고 저도 90 넘으신 부

모가 계신 입장에서 이해합니다. 누구나 이런 상황이 올 수 있어요."

김OO 님은 밝은색 바지에 흰 티셔츠를 입고 짧은 머리를 기름을 발라 넘기고 다녔다. 학교 교장선생님까지 하고 은퇴하셨다는 말을 혈압약을 타러 올 때마다 했었다. 내 병원이 28년째 같은 곳에 있다 보니 이분도 나와 인연을 맺은 지 20년이 넘었다. 정기 검사를 하는 날이면 하루도 늦지 않고 방문해서 검사를 하고 결과를 노트에 받아 적어가곤 했었다.

청소가 불가능했다. 냄새가 빠지지도 않았다. 그런데 병원은 조용했다. 먼저 와 있던 환자들은 어떤 불평도 하지 않았다. 원래 그런 분이 아니었던 분이, 어쩔 수 없이 저지른 사태를 보며 나도 저렇게 될 수 있다, 나의 부모님도 저럴 수 있다, 누구나 당할 수 있는 일이라는 생각을 하고있는 듯했다.

"원래 그런 분이 아니었어요. 절대 그런 분이 아니었어요."
딸이 계속 되뇌는 그 작은 외침이 대기실에 퍼져있는 오물의 냄새를 희석시키며 허공에 맴돌았다.
모두 달려들어 김OO 님을 깨끗하게 닦고 딸이 근처 마트에서 급하게 사 온 옷으로 갈아입혀 드렸다. 김OO 님은 아무 말도 하지 않았으나 천천히 우리가 해드리는 것에 따랐다. 근처 요양병원에서 이동 침대를 가지고 와 김OO 님을 조심스럽게 모시고 떠났다. 김OO 님은 들것에 들려나가기 전, 나와 눈이 마주치자 잠시 고개를 끄덕이고 천천히 인사를 하셨다. "오늘 고생 많이 하셨습니다. 요양병원에서 치료 잘 받으시고 잘 회복하셔서 다시 뵙겠습니다."라고 말씀드렸다.

김OO 님이 떠나기 전까지 기다리던 환자들이 조용히 기다려주었다. 남아있던 환자를 겨우 정리해서 보내고 오후 내내 진료를 거의 포기하고 청소를 했다. 급히 업체에 연락해서 청소를 위해 다음 날 일찍 방문해달라 요청했다. 한바탕 폭풍우가 몰아치고 병원엔 정적이 돌았다. 그 후로 병원 문을 닫는 6시까지 환자가 한 명도 없었다. 우리 동네는 소문이 빠르다. 오늘 병원에 난리가 났었다는 소문이 벌써 돌았을 것이다. 오히려 다행이었다.

나는 28년 전에 내과를 개원했다. 한 곳을 지키고 있으면서, 나도 늙고 나의 환자들도 늙는다. 병원 안에서 호령하며 진료받던 한 업체 사장인 환자는 이제 휠체어에 몸을 의지하고 아들과 함께 온다. 올 때마다 한껏 멋을 내며 패션을 자랑하던 송 할머니는 이제 나를 알아보지 못한다. 우리는 멋있고 곱게 늙고 싶어 한다. 젊은 시절 밝고 찬란했던 시절을 그대로 간직하면서 똑같이 밝고 선명한 노년을 보내고 싶어 한다. 우리는 아름답고 존엄하게 늙기를 소망한다. 그러나 마음대로 되지 않는다. 누구나 존엄하게 늙을 권리가 있다. 그리고 나에게는 환자의 존엄성을 지켜드릴 의무가 있다.

김금미

이화여대 의대 졸업. 내과 전문의. 의학박사
현 일산서울내과의원 원장
한국의사수필가협회 사업이사
2013년 〈한국산문〉으로 등단
저서: 수필집 《그들과의 동행》 공저 2015년
이메일 : kmk6410@hanmail.net

장덕민

'깍두기'의
자세

"띠링"

휴일이라도 병원 소식을 알리는 단톡방 알림은 꺼놓을 수가 없다. H 환자가 사망했다는 소식. 갑작스러운 죽음은 아니었다. 몇 년 동안 대장암 투병을 했던 아흔이 가까운 환자. 한 달 전쯤 환자의 아들은 이제 더 이상 다른 병원 외진도, 적극적인 치료도 원하지 않는다며, 그의 아버님이 단지 아프지 말고 편안하게 지내다 가시면 좋겠다는 얘기 끝에는 기어이 눈시울을 붉혔다. 기력이 쇠하고 치매 증상도 심했지만 일주일 전까지도 스스로 숟가락질해서 묽은 죽을 드셨던 분. 담당 간병사가 이전보다 식사 속도가 느려지고 양이 줄었다고 해서, 내가 뭘 좀 해줄 수 있을까 고민하던 참이었는데, 이제 더 이상 고민을 할 필요가 없어졌다.

환자의 상태는 실상 내 고민의 시간과는 상관없음을 더 이상 안타까워하지 않는 것, 환자가 떠나는 상실의 순간에 무디어지는 것, 그 모든 것에서 내가 할 수 일은 별로 없다는 무력감에 익숙해지는 것….

요양병원에서의 나의 존재는 어린 시절 맡았던 '깍두기' 역할의 반복일지도 모른다.

어릴 적 나에게는 아주 자주 '깍두기' 역할이 주어졌다. 사실 내 고향에서는 '돌놈'이라는 직관적인 언어를 사용해서 깍두기란 말도 스무 살 훨씬 넘어 객지로 오게 되면서 알게 되었다. '깍두기'든지 '돌놈'이든지 승부를 보는 모든 놀이나 경기에서 어느 팀에 끼워도 승부에 큰 지장이 없는 사람을 말한다. 그러니 달리 말하면 어느 팀에도 온전히 속하지 못하는 사람이다.

고무줄놀이, 공놀이, 공기놀이…. 친구들은 고무줄 위로 나풀댔고, 땅으로 튕긴 공은 정확히 그들의 손안으로 들어갔다. 공중으로 던진 공깃돌을 손등 위에 가지런히 올린 다음 다시 던져 손바닥으로 받아내는 재주도 용했다. 몸집도 작고 그렇다고 몸놀림이 날래지도 않아서 자연스레 깍두기였던 나는 그 모든 놀이가 별 재미가 없었다. 넘어야 할 고무줄이 내겐 한참 높았고, 공은 내 손에 비해 너무 컸으며, 공깃돌을 다루기엔 내 손놀림은 어설폈다.

나는 그들만의 놀이에서 벗어나 구경꾼이 되어 그들을 지켜보기도 하고, 그마저도 지겨워지면 슬그머니 집으로 돌아오기도 했다. 그래도 누구 하나 개의치 않는, 굳이 그 자리에 없어도 되는 그런 존재.

하지만 빤한 눈치에 그런 취급만 받을 수는 없다. 이 팀 저 팀 끼여 시늉이라도 하다 보면 조금씩 느는 게 있다. 고무줄 위를 조금 폴짝댈 수도 있고, 한 번을 채 튕기지 못하던 공을 대여섯 번이나 튕길 수도 있었다. 재수가 좋으면 손등 위로 공깃돌을 세 개 이상 올리는 데까지 성공하기도 했으니.

요양병원에서 시작한 나의 봉직 의사 생활. 여기저기 기웃거리며 여러 요양병원을 전전했고, 다시는 의사 노릇을 안 하겠다는 다짐과 실행도 여러 차례. 그런데도 십오 년을 훌쩍 넘기고 지금까지 이어지고 있다.

마흔을 갓 넘긴 처음의 나는 초롱초롱했다. 하루에도 몇 번씩 병실을 들락거렸고, 내가 담당하는 환자뿐만 아니라 병원에 입원한 백 명이 넘는 모든 환자의 이름과 얼굴을 외웠다. 식사 시간에 병실에 들러 환자가 식사를 잘하고 있는지 확인했고, 환자의 얼굴에 드러난 무료함과 우울감을 놓치지 않으려 애썼다. 병원에 비치된 한정된 약을 어떻게 조합하여야 효과가 있을까 고민했고, 이미 뼈까지 드러나 있는 욕창 환자는 다양한 방법으로 드레싱 하면서 나름의 노하우를

터득하기도 했다. 어쩌면 좀 괜찮은 의사가 될 수도 있지 않을까 기대했던 날들이었다.

섣부른 기대가 이루어지는 날은 짧았고, 짝을 이루어 나타난 실망의 시간은 길게 이어졌다. 온갖 다양한 질병을 가진 환자들을 담당하기엔 내가 가진 지식이 보잘 것 없었고, 어쩔 수 없는 요양병원의 한정된 의료 자원 문제도 있었다. 병원의 입장이나 환자의 입장은 모두 적은 비용을 들여 큰 효과를 얻는 것인데, 둘의 입장은 자주 상충되었다. 봉직 의사인 나는 그 둘 사이에서 이러지도 저러지도 못하는, 혹은 이래도 저래도 별 영향을 미치지 못하는 '깍두기'였다.

요양병원 입원환자 대부분이 노인이라고 해서 그들이 병과 죽음을 기꺼이 받아들일 준비가 된 것은 아니다. 보호자들 역시 그렇다. 갑자기 생긴 병마와 어쩔 수 없는 기능의 상실을 인정하고 받아들이는 보호자도 있지만 상관도 없는 타인에게 화풀이를 하기로 작정한 보호자들도 많이 만났다. 선의를 악용하는 사람들 속에서 나는 자주 생채기가 났다. 쉰을 넘어오면서 나는 환자의 말도, 보호자의 웃음도 잘 믿지 않게 되었다.

H 환자의 사망 소식에 뒤이어 P 환자가 재입원을 했다는 알림도 도착했다. 치매로 요양원에서 지내다가 두 달 전 뇌경색으로 지역의 한 대학병원에서 급성기 치료를 마친 후 우리 병원에 입원을 했던 환자다. 큰 뇌혈관이 막혀서 왼쪽 팔다리 마비 증상과 언어장애

가 심했고, 삼킴곤란이 있어 일명 콧줄이라고 하는 비위관도 삽입되어 있었다. 몸의 한쪽이 마비된 채 말도 잘 못하고 입으로 먹지도 못하는 상태가 되어버린 환자.

질병이란 녀석은 하루아침에 누구에게든 들이닥칠 수 있지만 그로 인한 상실을 받아들이는 데에는 환자에게뿐만 아니라 보호자들에게도 시간이 필요하다. 퀴블러-로스의 이론에 따르면 죽음을 포함한 모든 상실의 과정은 대체적으로 부정-분노-타협-우울-수용의 단계를 따르는데, P 환자의 아들은 부정-분노 그즈음 단계에 머물러 있었다.

그는 매사 목소리를 높여 상대를 제압하려고 했고, 만만해 보이는 상대를 골라 뭐라도 꼬투리를 잡기로 작정한 것 같았다. 조금이라도 나빠진 환자의 상태를 설명할라치면 말을 딱 자르며 '그래서 병원에 온 것 아니냐, 알아서 잘 치료해야 할 것 아니냐'는 식으로 자신이 하고 싶은 말만 되풀이하며 화를 내기 일쑤였다. 내 딴에는 공들여 환자의 상태와 앞으로의 치료 방침에 대해 이야기를 하다가도 어느새 마음속에 잘 박혀있던 '욱'하는 기운이 올라오게 만드는 보호자였다. 친절함을 나약함으로 여기는 사람들을 난 잘 참아내지 못한다.

환자가 갑작스레 부정맥이 생겨 대학병원으로 전원하게 되었을 때 더 이상 이 보호자와 상대하지 않아도 되겠구나 싶어 다행이라고 생각했다. 첫 전화에 곧장 "환자를 보내주세요."라고 흔쾌히 답하는 대학병원 응급실은 없다. 환자가 많아 병원에 와도 곧장 봐줄 수 없다는 응급실 의사에게 최대한 굽신굽신 사정도 하고 반협박 비슷한 얘기도 해서 결국 전원 허락을 받아냈다.

그런데, 고작 하루 지나서 재입원을 한다고? 환자의 불안한 상태를 안정시키려는 노력 못지않게, 빨리 응급실로 안 보내준다고 닦달을 해대는 보호자에게 벌컥 화를 내지 않으려고 내가 얼마나 노력했는데…. 환자를 실은 앰뷸런스가 떠났을 때 후련했던 마음은 또 어떻고….

월요병이 생길 것도 같았지만 이내 마음을 추스르며 잠시 잊고 있던 깍두기의 바람직한 자세를 일깨운다.

깍두기란 제일 마지막에 선택되어 채워지는 선수이다. 그러니 내 뜻대로 되지 않는다고 조급해할 게 아니라 기다림에 익숙해져야 한다. 사람들이 지겨워졌다고 슬그머니 집으로 돌아가지는 말자. 세월이 얼만데 이깟 일 정도야.

'환자의 상태가 빨리 좋아져서 돌아오게 되었으니 다행이다. 그나마 빨리 전원해서 적절한 치료를 받게 했으니 잘 대처한 거다. 보호자가 까칠한 건 효자라 그렇다. 그들이 나를 온전히 신뢰할 때까지 나는 기다려야 한다….'

가끔은 이런 되뇜이 쓸쓸하기도 하지만 실없지만은 않다.

출근하면 나는 나를 잘 알아보지도 못하는 환자 앞에서 속히 잘 왔노라고 반갑게 인사를 할 것이다. 보호자에게는 그만하기 다행이라고 기쁜 웃음을 지을지도 모른다.

장덕민

제8회 한미수필문학상 대상

2009년 〈한국산문〉으로 등단

현) 한국의사수필가협회 간행이사

현) 천안 로고스요양병원 봉직의

이메일 : virginia1967@naver.com

2025 한국의사수필가협회 공동수필 제 17집

사랑은 앞으로 나아간다

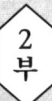

2
부

못난이 의사 이야기

권경자

꿈의
고시엔*

왜 몰랐지? 이토록 기쁜 소식을.

일본 효고현 니시노미야시 '한신고시엔 야구장'에서 2024년 8월 23일 제106회 전국 고교야구선수권 대회 결승전에서 재일본 한국계 고교인 '교토국제고'가 간토다이이치고교를 2대 1로 제압하여 최종 우승을 차지했다.

믿어지지 않았다. 한 달 보름이나 지나서 우연히 알게 되었다. 알고 보니 내 주변 사람들은 다 알고 있었다고 한다. 이럴 수가! 내가 일본에서 약 30년간 재일교포로 살아왔기 때문에 교포 관련 기사가 나오면 꼭 챙겨주던 남편도 "알고 있는 줄 알았다"고 무심히 말했다. 좀 서운했지만 유튜브로 그날의 감격을 늦게나마 맛보았다. 정상에서는 순간 그 감동의 도가니에서 "꿈만 같아요. 우리가 정말 해냈습니다." 주장의 목소리가 떨렸다. 그들의 눈에는 기쁨의 눈물이 고여 있었다. 나도 같이 울었다.

동영상을 수십 번도 더 봤다. 제일 감동적인 장면은 공영방송 NHK-TV 전파를 타고 일본 전역에 생중계로 한국어 교가가 울려 퍼지는 순간이다. 이 대회에서는 모든 고교의 교가가 경기 전에 한 번씩 불리어지고 우승을 한 팀의 교가는 경기가 끝나고 한 번 더 불려진다.

놀라운 것은 이 학교의 전교생이 겨우 160여 명에 불과하고 이들 중 순수 한국 국적인 학생은 20퍼센트 정도에 불과하다는 것이다. 이런 작은 학교가, 그것도 한국계 고등학교가 전국 고교 약 4천 개 팀에서 예선을 거쳐 올라온 강한 팀과 겨뤄 우승을 하다니 기적이라고밖에 표현할 수 없다.

거기다가 극우파가 극성을 부려 혐한을 조장하는 분위기에서 한국어로 된 교가를 일본 전국에 방송했으니 그들이 가만히 있을 리 없다. 조직적인 항의, 살해 협박 등을 받아 경찰의 보호를 받아야 했다고 한다. 이런 사태를 예상한 학생들이 가사를 일본어로 번역해서 부를까 고민도 했지만 투표에 부치니 한국어로 부르고 싶다는 의견

---

*100년 전 갑자년(甲子年) 때 지었다고 고시엔(甲子園)이라고 한다. 한신 타이거즈 고시엔 야구장이다.

이 많았다고 한다. 대견스럽다. 그 와중에도 양심이 있는 일본인들은 이 팀을 인정하고 칭찬, 격려도 아끼지 않고 십시일반으로 후원금도 전달했다고 한다.

그 교가 가사 내용이 놀랍고 충격이었다. 4절 중 1절 가사다.

동해 바다 건너서 야마토(大和) 땅은
거룩한 우리 조상 옛적 꿈자리
아침 저녁 몸과 덕 닦는 우리의
정다운 보금자리 한국의 학원

일본 혼의 심장인 야마토 땅이 우리 조상의 터전이라고 해석된다. 급소를 찔렀다. 일본인들은 야마토타마시(大和魂)가 자기네 것이라고 여기고 있으니 마음이 몹시 불편할 것이다. 그것은 단순한 노래가 아닌 화합의 메시지였다. 가사도 곡도 너무 멋있어서 자주 부르게 되었다.

교토국제고 야구부는 1999년에 창단되었다. 당시만 해도 그들은 장난꾸러기들의 모임 수준에 불과했다. 처음에는 야구공을 제대로 던지는 학생도 없었다. 그러나 포기하지 않았다. 매일 새벽부터 밤늦게까지 땀과 눈물로 훈련장을 적셨다. 우리의 정체성을 지키면서도 야구를 통해 화합을 이루고 싶다는 선수들의 말에는 강력한 의지가 담겨있다. 그리고 그들의 노력은 서서히 결실을 맺기 시작했다.

2020년도에 들어서며 세 번의 고시엔 진출, 한 번의 4강 진출 그리고 드디어 우승!

모든 야구 소년들의 꿈의 무대 고시엔, 선수들만 아니라 일본 국민의 축제고 고시엔 출전팀이 있는 지역은 마을 전체가 들썩거린다. 선수들에 대한 대우도 파격적이다. 이발, 식당, 목욕비도 상인들이 자발적으로 무료 제공한다.

나의 고교 시절 우리 학교와 가까이에 있는 남자학교 나라시노고등학교 야구부가 고시엔에 출전했다. 1회전에서 졌지만 그 선수들의 인기는 오랫동안 식지 않았다. 한번은 친구가 "나라고 야구부 주장 잘 생겼대, 얼굴 보러 갈래?"라고 했다. 호기심이 생겼지만 결국 가지 않았다. 그 시절은 지금처럼 연예인 아이돌이 흔치 않았기 때문에 야구부 그것도 고시엔 출전 남학생을 동경했는지 모른다. 나도 당시 고시엔 출전 선수, 전국 출전교에 대한 관심이 많았다.

초등학생 때부터 야구하는 남자아이들을 흔히 볼 수 있었다. 점심시간 운동장에서 피칭하고 있는 같은 반 남학생을 교실 안에서 한참 바라보니 또래 보다 체격도 크고 유니폼도 깔끔하고 좋아 보였다. 일본은 어릴 때부터 야구를 시키는 학부모가 많아서 구단도 많고 실력 있는 선수를 배출할 수 있나보다. 전국 4,874개 고교 중 무려 3,940개 학교에 야구부가 있다.

교토국제고교는 단순히 야구만 한 게 아니라 한국계 학교로서 정체성과 민족의 역사를 지키면서 일본 사회와 소통하는 법을 배워

간다.

이날의 승리는 단순히 운동장에서만 이뤄진 게 아니었다. 관중석의 열기도 한몫을 했다. 35도를 웃도는 폭염 속에서도 2,800여 명의 응원단이 목이 쉬도록 소리를 질렀다. 학생, 학부모, 동문, 심지어 다른 학교 학생들까지 하나가 되어 파이팅을 외쳤다. 특히 '알프스석'이라 불리는 3루 쪽 관중석이 인상적이었다. 흰 치마저고리를 입은 교포 여성들이 마치 눈 덮인 알프스산맥처럼 보였다고 해서 붙여진 이름이다. 이곳에 울려 퍼진 함성은 선수들에게 큰 힘이 되었다.

"응원 소리를 들을 때마다 힘이 솟았어요. 우리 혼자가 아니라는 걸 느꼈지요."

감독 고마키 노리쓰구의 말에는 감사의 마음이 가득했다. 이 감독은 25년 전 이 야구부가 공식 경기 첫 출전 때 34-0으로 패배했던 상대 팀 1학년 투수였다. 은행원으로 일하면서 틈틈이 연습을 도와주다가 2008년 회사를 그만두고 감독으로 정식 부임했다. 이 시절엔 선수 모두가 한국 국적이었는데 지금은 임 군만 빼고 일본인 학생들이다. 아마 임 군이 주장일 것 같다. 임 선수는 자부심을 느끼면서 야구를 하고 있다고 한다. 우승하여 교가를 부를 때 제일 많이 울었다. 이 감독은 대회전에 "하루라도 더 오래 이 아이들과 야구하고 싶다"고 말했다. "솔직히 설마 여기까지 올 줄은 생각도 못했는데…"라고도 하였다.

감독의 선수들에 대한 아낌없는 사랑, 야구에 대한 남다른 열정이 시설이 좋은 곳에서 훈련하고 있는 칸도다이이치 야구 명문고를 이길 수가 있었다고 생각한다. 학교 교훈은 '영리함' '근성' '성실'이다. 편히 쉴 수 있는 휴식 장소도 제대로 갖추어지지 않고 해진 야구공에 비닐테이프까지 붙여서 사용했다. 이걸 보고 기아구단에서 공 1,000개를 기부했다. 이 승리는 단순한 스포츠 경기의 결과를 넘어 인내와 끈기 그리고 화합의 힘을 보여주는 아름답고 감동적인 서사였다.

권경자

부산 권경자산부인과의원 원장

일본 도호대학 의학부 및 대학원 졸업

2006년 〈에세이스트〉 등단

저서 《1엔 그리고 1원》으로 정경문학상과 영호남수필문학상 수상

부산의사문우회 회원

에세이스트작가회의 부산지회 회장

이메일 : d-kwon@hanmail.net

정찬경

남을 수
있기를

존경하는 의사수필가 선생님의 이름이 보였다.

카카오톡을 열면 상단에 친구들의 프로필이 바뀌었음을 알려주는데 거기에 있었다. 그분은 얼마 전까지도 모임에서 만나 반갑게 인사를 나누었던 분이다. 하지만 이젠 이 세상에 계시지 않는다. 손가락을 대어 보았다. 젊은 여성의 프로필 사진이 보였다. 번호의 주인이 바뀐 것이다. 어렴풋한 사진을 슬쩍 보고 거기서 빠져나왔다. 슬픔과 무상함이 순간 내 가슴을 스쳐갔다.

선생님에 대한 기억이 하나둘씩 떠올랐다. "정 선생, 이번 글 잘 봤어요."하며 내 어깨를 토닥거리며 격려해주시던 자상한 분이었다. 내 글이 나온 문예지를 보내드렸는데 거기에 대한 소감을 꽤 길게 적어 보내주었다. 애정과 격려가 듬뿍 담긴 그 글을 감격스럽게 읽던 일이 기억났다. 은퇴하신 예방의학과 교수님이었는데 "나는 정 선생처럼 직접 환자를 대하고 진료하는 내용을 소재로 글을 못 쓰는 것이 아쉬워요." 하며 약간은 쓸쓸한 미소를 짓던 일도 떠오른다.

난 지금 그분이 생전에 내게 보내준 수필집을 다시 읽어보고 있다. 책을 보니 어느 쪽에서는 모서리를 접어놓고 어떤 곳엔 빨간 밑줄도 그어놓았다. 당시 읽었던 흔적을 보며 감회에 젖는다. 이젠 세상에 없는 그분의 책을 다시 읽으며 처음 읽을 때와는 뭔가 다른 감동을 받고 교훈도 얻는다. 이렇게 좋은 글이 담긴 책을 내게 주어 감사하다. 그분의 깊이 있고 진실이 어린 작품들을 읽으며 역시 훌륭한 분임을 새삼 느낀다.

살아가며 정이 드는 것들이 많다. 사랑하는 사람들이 가장 그렇다. 내가 살고 일하는 공간은 물론이고 손에 익은 물건들, 예를 들면 자동차, 가방, 가구, 컴퓨터, 책 등 꽤 많다. 숫자에 대한 정듦도 그에 못지않다. 누구나 자신의 태어난 해, 생일에 대한 깊은 애정을 갖고 있다. 운동선수들은 자기의 등번호에 많은 애착을 보인다. 뛰어난 선수의 등번호는 영구결번으로 만들기도 한다.

지금 가지고 있는 휴대폰 번호는 또 어떤가. 꽤 정이 들지 않았는가. 아마 자신의 휴대폰 번호를 아끼고 사랑하는 이가 많을 것이다. 내 경우도 그런 것 같다. 내 전화번호 마지막 네 자리는 내가 운영하는 병원의 전화번호 뒷자리와 일치한다. 병원 개원 당시 직접 전화국에 찾아가서 받은 번호다. 이후 20년이 넘도록 한 번도 바꿔본 적이 없는 번호다. 그래서 누군가 내게 이 번호를 포기하고 자신의 것과 바꾸자고 한다면 절대 응하지 않을 것 같다. 선생님도 그 번호를 오래 사용했을 것이다. 하지만 이제 그 번호는 서로 전혀 알지 못하는 누군가가 받아 사용하고 있다. 세상의 모든 소유는 돌고 돈다지만 그것을 이토록 명확히 보여주는 사례가 또 있을까 싶다.

우린 '메멘토 모리'라 자주 외치고 바니타스(Vanitas) 정물화를 거실에 걸어놓고 쳐다보기도 한다. 그럼에도 나의 소유, 즉 내 것이 결국 언젠가는 모두 사라지고 그 대부분이 남의 것이 되어 있을 거라는 생각을 평소에 잘 하진 않는다. 하지만 그건 필멸하는 존재인 인간이 반드시 받아들여야 할 사실이 아닐까. 그렇다면 나의 것으로 온전히 남을 수 있는 것은 무얼까. 누군가 "저 사람은 이제 사라졌으니 이젠 나의 것이야."라고 주장하지 못하는 건 무엇이 있을까.

김우종 작가는 〈문인의 DNA〉라는 글에서 이렇게 말했다.

"우리는 평생에 단 한 번쯤은 누군가에게 오래도록 잊지 못할 귀중한 말 한마디를 남길 수 있다. 그것이 가슴속에 깊이 새겨지면 그는 그 말을 친구에게도 전하고 후손들에게도 전한다. 누군가의 글에서 그것을 읽었다고."

사람들은 살아가며 누군가에게 무언가를 남긴다. 안과의사로서 나는 백내장 수술을 통해 인공수정체를 그 사람의 눈 안에 남기며 살아가고 있다. 그 사람 생의 모든 것들이 그로 인해 밝고 아름다워지기를, 또 그가 행복해지기를 바라며. 어떤 이는 그림이나 음악, 노래, 어떤 몸짓이나 언어를 통해 그렇게 우리의 가슴에 오래 남는다. 조각품이나 건축물을 통해, 또는 타인에게 즐거움과 유익을 주는 좋은 물건이나 행적을 통해 그럴 수도 있을 것이다.

선생님(맹광호 수필가)은 내게 책과 글을 남겨주었다. 그분이 글을 남기지 않고 떠났더라면 난 그분의 번호가 전화기 화면에 떴더라도 잠시 기억했다가 금방 잊어버렸을 것이다. 하지만 내겐 그분의 소중한 글이 담긴 책이 있다. 그리고 다시 그 책을 펼쳐 읽은 내 가슴에 이렇게 되살아났다. 내가 적어놓은 이 글을 읽게 될 다른 이가 있다면 그의 가슴에도 남아 있게 될 것이다.

그는 자신의 저서 《더 늦기 전에》에서 이런 구절을 남겨 놓았다.

'지금 써내려가는 나의 글 하나, 한 문장이 누군가의 가슴 속에 오래 남을 수 있기를 꿈꿔본다.'

정찬경

2013년 〈한국수필〉 등단

저서 : 수필집 《아플 수 있어서 다행이다》《눈.빛.사랑》 외 공저 다수

수상 : 박종화문학상(9회)

이메일 : oculajck@naver.com

조광현

내려가는
길

"이곳에 살면 참 좋겠네, 이쪽으로 이사할까요?"

아내의 들뜬 마음에 찬물을 끼얹었다.

"이 나이에 뭣 하러 또 이사를 해!"

10년 전 봄이었다. 동래구 온천천에 벚꽃이 만발했으니 꼭 가보라고 지인이 알려주었다. 뭐 대단하겠나 싶었지만, 한 번 가보기로 했다. 화창한 토요일 오후, 아내와 함께 도시철도 교대역에서 내려 온천천으로 내려가니 개천의 양 둑에 줄지어 선 아름드리 벚나무들이 활짝 웃으며 마중하는 듯했다. 예상 밖의 환대였다.

저마다 빼어난 기상을 지닌 나무들. 그 휘청거리는 가지마다 겹벚꽃 꽃송이가 주렁주렁 달렸는데, 지나가는 바람의 작은 헛기침에도 우수수 꽃비를 뿌렸다. 곳곳에 사진 찍느라 상기된 얼굴들. 아! 좋다. 들리지 않는 환호성. 주위를 살펴보니 개천 둑과는 조금 간격을 두고, 고층의 아파트들이 제각기 멋을 내며 줄줄이 서 있다. 도심에 이런 곳이 다 있다니! 40여 년을 부산에 살면서 이사를 다섯 차례나 했는데, 이곳은 몰랐다. 아내는 또 이사를 하고 싶어 했다. 당시 직장 가까운 곳에 편히 거주하고 있었으니, 나는 이사할 마음이 전혀 없었다. 그런데 2년 후에 결국 이곳으로 이사를 했다.

지난날을 돌이켜 보면, 전혀 예기치 않던 일이 가끔 일어나곤 했다. 봉직하던 대학병원 재단에서 정년 후에도 상당 기간 근무하라는 제안이 진즉에 있었지만, 뒤에 무산되었다. 괜찮은 2차 병원의 원장 자리도 한동안 망설이다 사양했다. 어쩌다 생각지도 않던 요양병원에 근무를 시작하며, 마지막 직장이라고 여겼는데 2년 후 직장을 옮긴 일도 그렇다. 그때마다 피치 못할 사정이 있었다.

막상 직장을 옮겨보니 출근길이 의뢰로 혼잡하고 시간이 두 배 이상 길어져, 생각보다 많이 불편했다. 수개월의 망설임 끝에 결국 이사하기로 작정하고, 직장 가까운 곳을 물색하다 보니 이곳 온천천 주변으로 오게 됐다. 아무튼, 2년 전 이곳으로 이사하고 싶다던 아내의 소망이 절로 이뤄진 셈이다. 전혀 예기치 못한 일이었다.

이곳으로 이사한 후엔 날씨가 아주 궂을 때를 빼고는 도보로 출퇴근한다. 특별히 하는 운동이 없으니, 걷기운동이라도 해 보자는 맘으로 출근 때는 도시철도로 세 구역을 가고, 퇴근 시간엔 온천천 산책로를 따라 걸어서 한 시간 반이면 집에 도착한다. 온천천은 부산의 금정구, 동래구, 연제구를 거쳐 수영강으로 합류하는 도심하천이다. 봄철이면 벚꽃과 유채꽃을 즐기는 사람들이 많지만, 천변 부지가 시민공원으로 개발되어 잘 가꿔진 산책로가 또한 일품이다. 다른 사람은 몰라도 나에게는 더없이 넉넉한 사색의 공간이 된다는 뜻이다. 잠시 머물다 가는 시공간이라고 할까. 곳곳에 있는 운동기구에 잠깐 매달려 보기도 한다.

산책로 중간쯤에 넓은 쉼터가 있다. 이름하여 이 '큰 나무 쉼터'의 주인은 중앙에 우뚝 서 있는 키 큰 굴참나무 한 그루다. 키가 10미터나 될까? 무더운 여름이면 나는 그의 그늘에 앉아, 좀 긴 사색에 잠기곤 한다. 봄, 여름, 가을, 겨울을 한결같이 한자리에 머물며, 쉬어가는 사람들의 친구가 되어주는 나무의 자세를 생각해 본다. 더러는 개천이 범람하여 아랫도리가 다 잠겨도 아래로, 아래로 뿌리내리는 그 우직함이라니! 하고많은 날 누군가는 스쳐 지나가고 누군가는 잠깐 머물다 가지만, 나무는 자기 그늘에 쉬어가는 그 사람들로 하여 오히려 위로를 받는지 모른다.

나무를 보고 있으면 우리 병원 직원들의 모습이 떠오른다. 묵묵히 한자리를 지키며 오랫동안 힘든 일에 최선을 다하는 사람들. 내가 베푼 작은 배려가 누군가에게 큰 도움이 될 수도 있다는, 그 선한 마음으로 스스로 위로받는 사람들. 그들의 잔잔한 미소를 떠올린다. "수고 많으십니다. 고맙습니다."라며 따뜻한 말 한마디를 건네야겠다고 다짐한다.

가끔 온천천 시민공원 야외 공연장의 이끼 낀 돌계단을 디디고 오른다. 그러면 도레미파 솔… 풍금 소리가 나는 듯하다. 밤새 내리던 비가 그치고 청량하게 바람 부는 어느 날, 나는 한 마리 짐승처럼 돌계단 꼭대기에 올라 숨을 골랐다. 그때 어디서 날아왔는지, 회색의 왜가리 한 마리가 왠지 모를 서러움에 목이 타는 듯 온천천 흐린 물 한 모금 들이켜고는, 고개 들어 저 멀리 금정산 정상을 하염없이 헤아리고 있었다.

목이 긴 저 한 마리 새처럼, 나도 때로는 길게 목을 빼고, 오지 않는 그 무엇을 기다리곤 한다. 나이 든 탓일까? 콰시모도의 시 한 구절이 새삼 감동으로 다가왔다.

누구나 지축 위에 홀로 서 있나니
햇살 한줄기 뻗쳤는가 하면
어느새 황혼이 깃들어

이곳으로 이사 온 지 벌써 9년째다. 가끔 농담 삼아 한 말이지만 아무래도 나는 이제 인생의 계단을 많이 내려왔나 보다. 올라올 때는 몰랐는데, 내려가는 길은 너무 가파르다. 무섭다. 넘어질 뻔도 했다. 남은 계단은 더 조심해야겠다.

조광현

부산백병원 병원장 및 대한 심장혈관흉부외과 학회장 역임

현) 인제의대 명예교수, 온천사랑의요양병원 병원장

부산광역시 의사회 의학대상(1999) 및 부산의대-자랑스런동문상(2013) 수상

2006년 〈미네르바〉로 시, 〈에세이스트〉로 수필 등단

에세이스트작가회 회장, 부산의사문우회 회장, 한국의사수필가협회 회장 역임

수상 : 〈한국산문〉 문학상, 〈에세이스트〉 올해의 작품상 3회, 정경 문학상

저서 : 시집 《때론 너무 낯설다》, 수필집 《제1 수술실》《그는 왜 오지 않는가》

이메일 : dr-khcho@hanmail.net

장성구

모란
이야기

영랑 김윤식 선생의 〈모란이 피기까지는〉이라는 시는 여전히 많은 사람들의 가슴속에 맴돌고 있다. 기대와 희망 그리고 절망이라는 구조의 서정시로서 엄혹한 일제의 강압 속에서 민족의 설움을 노래했기 때문에 그 여운이 강하게 남는다. 그 당시 대부분의 시인이 이념 의식이 강한 목적시에 몰입할 때 영랑은 서정에 호소했다는 것도 선생의 뛰어남이라 하겠다. 그러므로 김영랑 선생의 주옥같은 염력을 쏟아내어 읊은 〈모란이 피기까지는〉에서 우러나는 감정은 단순히 음률 따라 읊어낼 수 있는 시라기보다 애절함이 쌓이고 감정이 짓눌린 삶의 꿈틀거림이다.

작년 이맘때, 우리 내외가 아파트 주변 양재천 공원을 산책하다

우연히 마주친 놀라운 광경. 쓰러져 있는 소담한 꽃 무더기가 오가는 사람들의 무관심 속에 팽개쳐져 있었다. 나중에 안 일이지만 군락의 주인공은 희귀한 백모란 꽃이었다. 하지만 그 당시 내 발밑에 널브러져 있는 처량한 모습에서 우아한 품위를 자랑하는 모란꽃을, 그것도 백모란 꽃을 그려본다는 그것은 어불성설이었다. 지금 눈앞에 펼쳐진 모습에서 모란을 연상한다는 것은 격에 맞지도 않고, 있을 수도 없는 일이었다. 다만 땅에 나뒹구는 꽃을 보고 그저 가슴이 아프고 가엾다는 생각이 든 그것이 전부였다. 자랄 만큼 다 자란 듯한 모란의 키는 내 무릎 밑을 맴돌고, 찔레나무와 무성한 잡초 사이에 쓰러지고 짓눌려 버려진 달덩이 같은 흰색 모란꽃은 구원의 손길을 애타게 기다리는 가인의 모습이었다.

허망했다기보다는 죄지은 듯한 진한 전율 속에, 뭔가에 쫓기는 듯한 느낌을 가슴에 묻었다. 모란잎이 낙엽 되어 모두 떨어진 늦가을, 모란은 이리저리 늘어진 채 메마른 줄기만 앙상히 남았다. 그 모습은 말라비틀어진 한낱 무명초에 불과했다. 집사람과 함께 시장에서 사들인 지주대에, 쓰러진 모란 나무줄기를 똑바로 일으켜 세웠다. 처음에는 지주대를 판매한다는 것을 몰랐다. 그래서 아파트 쓰레기장에 버려진 널빤지를 주워다 톱으로 길게 켜서 지주목으로 사용했다. 그러나 톱으로 널빤지를 좁다랗게 켜는 그것이 머릿속으로 그리는 것같이 간단하지도, 쉽지도 않았다. 어린 시절 시골서 자랐기 때문에 젊었을 때는 톱질도 곧잘 했는데, 이제 그런 재주는 인생의 나이테 밖에 존재하는 듯하다. 그러던 어느 날 집사람과 시장엘 갔다가 우연히 일자형 지주대를 발견했다. '이런 게 있는데 여태까지 멍청한 짓을 했구나.' 하는 자괴감이 들었지만, 그것보다는 기다리던 정인이라도 만난 듯이 정말 반가웠다.

허리와 무릎이 아프고, 마음만 청춘인 두 노인이 지주목을 세우는 일은 결코 쉬운 게 아니다. 나는 망치를 들고 모란 나무 옆의 적당한 곳에 지주대를 땅에 박아 고정하고, 집사람은 노끈으로 모란 나무줄기를 하나하나 지주대에 붙들어 맸다. 주말마다 얼마간의 작업 끝에 크고 작은 약 30그루의 모란밭을 만들었다. 말이 모란밭이지 아무도 관심이 없는 공원의 후미진 한 귀퉁이에 지나지 않았다.

찬 바람 부는 겨울에 지주목과 함께 서 있는 깡마른 모란은 참모습이 뭔지 알 수 없고 초라할 뿐이었다. 함박눈 쌓였던 겨울도 무사히 지나고 기대감이 가슴을 파고드는 봄이 오자 모란밭 화단에는 서서히 변화가 일어났다. 가장 놀라운 것은 모란의 키 자랑이다. 쭉쭉 자라더니 1m도 넘어 초등 3학년인 손자 키를 훌쩍 넘었는데도 계속 자랐다. 마치 내가 이렇게 크게 자랄 수 있다는 것을 보여주기 위한 무언의 과시 같기도 했다. 내 무릎 밑을 맴돌며 앉은뱅이 같던 모습을 생각하면 격세지감이다. 키가 173cm인 필자가 웃자란 모란

옆에 서보니 내 귀빰을 간지럽혔다. 참 경이로운 일이다. 조금만 거들어 주면 이렇게까지 크게 자랄 수 있었던 것을 생각하니 즐겁다기보다는 미안한 마음이 들었다.

봄기운이 확 돌기 시작하자 변화는 무서울 지경이었다. 무성한 잎을 자랑하게 되니 이제 모란밭은 그럴싸하게 어울렸다. 그러더니 2주 전쯤에는 막 패기 전 목화송이 같은 꽃망울이 경쟁적으로 위용을 자랑하듯 우쭐댔다. 그러나 많은 염력을 구하는 듯이 이제나저제나 마음만 애태우고 꽃은 피지 않았다. 그러다 마침내 꽃봉오리 맺힌 지 2주쯤 되니 반가운 여신이 우릴 반겼다. 백모란의 우아함이 모란밭을 가득 채웠다. '지난 일 년 화초 농사 아주 잘 지었다.'라는 자만감은 즐겁고 가슴 뿌듯한 일이다. 품팔이할만한 일에 품을 판 것이다.

길을 가다 아름다운 여인을 보면 다시 한번 눈길을 주는 것은 어쩔 수 없는 인간의 속성이다. 그동안 많은 사람들이 모란 곁을 무심히 지나쳤다. 그러나 이제는 무관심했던 사람들이 너도나도 휴대전화 카메라를 들이댔다. 연인들은 훨씬 다정한 모습으로 추억 만들기를 했다. 꽃말이 부귀와 명예와 번영을 뜻한다는 백모란꽃. 사랑의 눈길로 바라보는 모든 사람에게 편안한 마음의 부귀와 명예로운 번영이 가득하기를 기원해 본다.

내 명년에도 올해 같은 넉넉한 아름다운 이야깃거리를 만들기 위해 돌아오는 가을에는 모란과 함께 무엇을 하여야 할지 열심히 공부할 것이다. 이것이 과연 나잇값을 하는 것인지는 모르겠다. 그러나 편안한 마음을 통해 여러 사람들 마음을 편안하게 해줄 수 있는 일을 하는 그것은 틀림없이 나잇값을 하는 것으로 생각한다.

모란에 쏟은 마음을 통해 그동안 알게 된 또 다른 모란 이야기를 해본다. 글을 읽는 분들을 위한 필자의 서비스 정도로 생각하면 좋겠다.

중국이 원산지인 이 '꽃 중의 왕'이라는 모란은 기품에 걸맞게 표기법부터 약간 애를 먹인다. 우리가 쓰는 한자로는 표현하면 목단(牧丹)이다. 목(牧-기를 목, 칠 목-가축을 기르거나 친다는 의미) 단(丹-붉을 단)이라고 쓴다. 그러나 원산지인 중국은 한자로 모단(牡丹)이라고 하고, 일본도 중국과 한자 표기가 같다. 즉 수컷 모(牡)하고 붉을 단(丹)이라고 쓰고 발음을 '무단(mu dan)'이라고 한다. 꺾꽂이로 번식할 수 있어서 '수컷 모' 자를 썼다는 설명도 있지만 대부분의 생명체에서는 좀 더 아름다운 것이 수컷인 점에서 아름다운 꽃이라서 '수컷 모' 자를 사용했을 가능성도 추측이 가능하다.

우리나라의 기록인 삼국사기(정사)에는 우리도 모단(牡丹)이라고 표기했는데 야사에 해당하는 삼국유사에는 목단(牧丹)이라고 기록되어 있다. 그리고 이 한자인 목단(牧丹)을 발음할 때 우리말의 활음조 현상(발음하기 어려운 단어를 쉽고 부드럽게 발음하는 것)이라는 특성에 따라서 "모란"으로 발음했다는 국어학자의 설명이 있다. 아예 잘된 일이라는 생각이 든다. 모란이란 아름다운 꽃의 이름은 순수하고 귀한 우리말이고, 꽃만큼 아름다운 말인 "모란"이 탄생한 것이니까 말이다. 그래도 관습상 화투 할 때는 '육 목단'이라고 하는 게 어울린다. 화투 할 때 "야, 육모란 나왔다!"라고 하면 어색하고 안 어울릴 듯하다. 단 작약꽃하고 구분은 할 줄 알아야겠다. 아주 쉬운 방법은 모란은 성장 속도가 아주 느린 나무이고, 작약은 알뿌리에서 자라나서 꽃을 피우는 여러해살이풀이다. 어떤 분은 모란과 목련을 혼동하는 분이 계신 데, 그것은 지나친 무관심의 행태일 듯하다.

중국은 아직도 국화(나라꽃)가 없다. 사람들이 이 모단(牡丹)을 워낙 좋아해서 국화로 정할 생각도 했었단다. 그런데 불행인지 다행인지 청나라의 국화가 모단이었기 때문에 공산주의 국가(중공)가 제국주의 국가인 청나라의 국화를 이어받을 수 없어 고민했다는 전설 같은 이야기도 있다. 그런데 이 글을 쓰는 사람의 생각에는 한족과 이민족 간의 정서적 상충이 작용한 그것이 아닐까 하는 생각이 짙다. 지금 중국은 한족이고 청나라는 혈통이 전혀 다른 이민족인 만주족이기 때문이다. 한족들이 만주족의 지배를 받은 그것을 께름칙하게 생각하는 데서 유발된 주저함도 추측해 볼만하다. 같은 한족 사이인

모택동과 장개석이 죽기 살기로 싸울 때 장개석 군대 200사단의 사단가를 현재 공산당 정부인 중국의 국가(이성낙 총장님 글 중에서)로 채택한 점을 고려하면 민족 간의 보이지 않는 문제를 쉽게 이해할 수 있다.

이제 신록의 계절인 오월이 오고 곧 모란꽃이 지고 나면, 꿈의 모란을 보기 위해서는 질곡이 될지 희망이 될지 모를 또 한해를 기다려야 한다. 그러나 꿈을 갖고 꿈지럭거리며 뭔가를 기다리는 마음은 아름다운 것이다. 이렇게 해서 나이 들어가는 부부는 할 일이 생겼다.

於 鶴汝齋

장성구(張聲九, Chang, Sung-Goo)

경기도 여주시 흥천면 출신, 字는 鶴汝(학여) 號는 鳴皐(명고)

〈문학시대〉 신인상 수상으로 시인 등단

경희의대 졸업, 비뇨의학 전문의. 모교에서 39년간 봉직

경희대학교 병원장, 대한비뇨종양학회 회장, 대한암학회 회장, 대한의학회 회장,
한국의학교육평가원 이사장 역임

현재 : 경희대학교 명예교수, 대한민국의학한림원 종신회원, (사)경희국제의료협력회
이사장, 한국의사수필가협회 회장

활동 : 한국문인협회, 수석회, 한국의사수필가협회, 한국의약평론가회, 문학시대인회

저서 : 전문 서적-연구논문 241편(국내, 국제), 의학 관련 공저 8권
문학 서적-시집 5권, 수필집 2권, 칼럼집 2권

수상 : 녹조근정훈장, 과학기술 우수논문상, 교육부 장관 표창, 키르기스공화국보건부
장관 표창, 여주 문화상, 보령의료봉사상 대상(단체상)

이메일 : sg2chang@gmail.com

고병구

못난이
의사 이야기

오늘은 저 자신에 관한 얘기를 해볼까 합니다.

가난한 농사꾼인 부모님의 삶을 보면서 자란 저는 농사일만 아니라면 무슨 일을 해도 괜찮다고 생각했습니다. 뜻하지 않은 은인을 만나 인문계 고등학교를 나와 의예과를 지원하게 되었습니다.

의사를 한 번도 본 적이 없었던 저는 합격자 발표가 나기도 전에 '의사가 과연 내 적성에 맞는 걸까?' 하는 의문이 들었습니다. 의과대학을 다니면서도 그 의문은 계속되었으나 의사가 되어 환자를 볼 마음은 생기지 않아 결국 졸업과 동시에 기초의학인 해부학을 택하였습니다. 그러다가 5년이 지나 임상의사의 길로 돌아서 환자들을 대하면서 비로소 제 생각이 잘못이었음을 깨닫게 되었습니다. 의술의 소중함을 모르고 배우기를 게을리했던 지난날이 너무나 후회스러웠습니다. 늦었지만 제대로 된 의사가 되겠다는 일념으로 더 많은 시간과 노력을 기울였으나, 헛되이 보낸 날들에 대한 아쉬움을 지워버릴 수는 없었습니다.

내과의원을 열고 몇 해가 지나 반복되는 진료 업무로 지쳐 가고 있을 때 갑자기 저 자신이 환자가 되어 8개월을 보내야 했습니다. 힘든 시간이었지만 의사로서의 소명에 대해 다시 생각해 보는 소중한 기회였고, 새로운 각오로 환자들을 대할 수 있게 되었습니다. 세상일로 머리가 혼란스럽다가도 진찰실에 들어서는 순간 마음은 평안해집니다. 환자를 보는 것이 곧 저 자신을 치유하는 길이자 제가 힘을 얻는 비결입니다. 지금은 의사로 살아가는 삶이 숨 쉬는 것만큼이나 자연스럽게 느껴집니다. 하지만 남들보다 뒤늦게 깨달은 '못난이 의사'임에는 틀림없습니다.

종일 하늘 한 번 바라볼 수 없는 진료실은 무척 좁은 공간입니다. 방송과 신문조차도 가까이할 기회가 거의 없는, 어쩌면 세상과는 아주 동떨어진 공간이라 할 수 있습니다. 만나는 사람들 또한 매우 제한적입니다. 그들과의 대화는 언제나 질병과 고통에 대한 것뿐입니다. 그런데 언제부터인지 세상 살아가는 이야기, 세상 돌아가는 이야기가 들려오고, 질병은 환자들만 앓는 것이 아니라 이 세상도 앓고 있다는 사실을 알게 되었습니다. 그러나 종일 환자들과 씨름하다 보면 그런 생각은 깡그리 사라지고 맙니다. 그렇게 일과를 마치고 진료실을 나서면 어둠 속에서 흔들리고 있는 세상이 다시 눈에 들어옵니다. 하지만 그런 세상을 위해 아무것도 할 수 없다는 사실에 마음이 무거워지곤 합니다.

'병든 세상은 누가 고치지?'

수많은 후배 의사가 배출되고 경쟁이 치열해지면서 진료의 원칙이 흐트러지거나 환자와 의사 사이에 신뢰 관계가 무너지는 일이 잦아지고 있습니다. 우리는 세계에서 가장 편리하고 경제적인 의료제도를 가진 나라지만 불합리한 점도 적지 않습니다. 하루빨리 개선되어야 할 문제라 생각합니다.

저는 한 사람의 직업인으로서 제가 있어야 할 자리에서 주어진 역할에 충실하려고 노력하는 평범한 의사에 불과합니다. 앞으로도 저는 오직 그 일만을 위해서 살아갈 것입니다. 국민 각자는 맡은바 제자리를 지키며 개인과 이 사회가 건강해지도록 최선을 다할 필요가 있습니다.

저를 인문계인 김천고등학교를 거쳐 의사의 길을 가도록 이끌어주신 은사이며 재종형님 되시는 분이 수일 전(2025년 10월 3일) 세상을 떠나셨습니다. 그분이 6·25 참전용사이시고 화랑무공훈장을 받

---

* 제 은사님은 김천고등학교에서 국어를 가르치시다가 문경 문창고등학교에서 교장으로 정년 퇴임하신 고무림 선생님입니다.

으셨다는 사실을 돌아가신 후에야 알게 되었습니다. 자녀들조차 몰랐는데 장례 절차를 밟으려고 보훈처에 문의하였다가 알게 되어 국립현충원에 안장되셨습니다. 평소 입이 무거우시고 학생들에게 존경스럽고 바른 모습을 보여주시던 시대의 스승이셨습니다. 그런 분들이 계셨기에 우리는 여기까지 올 수 있었습니다. 다시 한번 머리 숙여 감사드립니다.

고병구

경북의대 졸업(1978년)

백양제일내과의원 원장(부산) 〈한국수필〉 등단(2009년)

한국수필가협회 회원, 한국의사수필가협회 회원, 부산의사 문우회 회장 역임

수상집 : 《좋은 의사를 만난 환자는 행복하다》《마음으로 여는 창》《어쩌다 의사가 되어》

이메일 : kobgdr@naver.com

2025 한국의사수필가협회 공동수필 제 17집

사랑은 앞으로 나아간다

김석권

미얀마 지진
-인류애를 꽃 피우다

I. 라피도에서

미얀마의 4월은 40도를 훌쩍 넘기도 하는 혹서기, 가장 더운 계절이고, 갑자기 소나기가 내리퍼붓기도 하는 우기이다. 그러니 이때가 이곳의 방학 기간이다. 양곤에서 마트에 들렀다가 지붕에 내려치는 요란한 소리에 밖을 보니 장대 같은 비가 퍼붓고 30분쯤 후, 비도 그쳐 바깥으로 나가보니 그동안 내린 비로 인해 도로가 강이 되어있었다. 배수구마다 역류하는 물이 콸콸 넘쳐흐르고 있다. 식당에서 쌀국수를 먹고 나오니 우중충하던 하늘은 맑게 개어있고 또다시 햇빛이 작열하는 이곳이 미얀마의 양곤이다.

미얀마 만달레이 인근의 7.7도의 지진으로 3,500여 명의 사망자와 부상자가 수천 명에 달한다고 하였으나 추정하기론 10,000명 이상 사망했을 것으로 예상된다고 외국의 언론들이 보도하였다.

지진이 일어났다는 뉴스를 접하고 그린닥터스의 정근 이사장님께서는 이사회를 소집하여 긴급 의료지원 계획을 세우고 신속한 준비가 이루어졌다. 단 3일 만에 의사 4명, 간호사 1명, 지원단 9명으로 팀을 꾸려 아침에 부산 온병원을 출발하여 김해공항, 인천국제공항을 거쳐 미얀마의 양곤국제공항에 도착하였다. 미얀마로 향하던 비행기의 창 너머 끝없이 펼쳐지는 솜구름을 바라보며 그 아래 어딘가에 삶의 터전을 잃고 고통 속에 힘겨워하는 사람들이 있다는 생각에 가슴이 먹먹해 왔다.

미얀마 땅에 발을 디딘 순간 나는 시간마저 멈춘 듯한 정적감에 휩싸였다. 의술로 그들에게 위로가 될 수 있을까. 마음 한 조각이 그들의 지친 삶에 이를 수 있을까. 두려움과 책임감이 내 마음속에서 일렁거렸다. 우리는 개인 소지품은 백팩에 소지하고 대형 백 13개에 의료 장비와 의약품을 가득 싣고 현지로 왔다. 미얀마 현지 시간(한국과는 2시간 30분 시차) 오후 3시경 공항에 도착하여 버스로 목적지인 미얀마의 수도 라피도까지 가는데 3시간 정도가 걸려 늦은 오후 6시경 도착하여 예약된 호텔로 갔으나 호텔의 정문이 폐쇄되어 있었다. 아이고! 그 황당함이란….

호텔의 창문들이 지진으로 깨지고 벽이 갈라져 호텔의 운영이 불가능한 사실을 모르고 인터넷으로 예약했으니 일어난 일이었다.

함께 일원으로 출발했던 한국 미얀마 친선협회 한국측 홍을선 사무총장께서 발 빠르게 수소문하여 인근의 맥스(Max)호텔로 가게 되었는데 이 호텔이 우리에게 행운도 안겨주었다. 호텔 사장께서 의료봉사를 위해 한국에서 온 것을 알고는 호텔의 숙식을 무료로 해준다는 파격적인 제안으로 우리를 즐겁게 해주었다. 뒤에 알게 되었지만, 이 호텔의 사장은 다른 큰 호텔과 기업체를 소유한 미얀마의 유력한 인사였다.

방을 배정받고 짐을 풀어 정리한 후 인근의 한인 식당으로 가서 저녁식사를 했는데 주인의 음식 솜씨가 대단하였다. 칼칼한 찌개와 김치, 좋은 쌀로 지은 밥, 게다가 옥돔구이까지 식탁에 올라와 즐거운 식사를 할 수 있었다. 주인의 고향이 경남 합천이라고 하니 더욱 정이 갔고, 다음날 의료지원 현장으로 떠날 때 김치와 김밥도 준비해 준다고 하였다.

호텔로 돌아와 침대 하나를 더 신청하여 3인이 기거하게 되었는데 이 호텔은 건물 1동에 방 하나인 리조트 형의 호텔로 매우 오래된 고풍스러운 호텔이었고 우리 일행은 4동을 사용하게 되었다.

우리병원의 정신과 김상엽 센터장과 대구의료원의 김정용 열대의학을 전공한 내과 선생님, 그리고 나 이렇게 세 명이 이용하게 되었고 고단한 몸을 샤워로 풀었다. 김 선생님은 그린닥터스와 깊은 인연을 맺고 있었는데, 남북 교류가 한창일 때 개성공단의 원장으로 일한 적도 있었다. 그는 또한 성악가이기도 하다.

아침 일찍 기상하여 7시에 라피도의 진료 예정지로 향하는 버스에 올랐다. 봉사단의 표정은 격전지로 향해 출발하는 전사처럼 모두 비장하다. 진료 현장으로 가는 도중 휴게실에 쉬면서 한인 식당에서 마련해준 김밥을 맛있게 먹고 다시 출발하였다. 버스 안에서 방송 직원과 인터뷰를 하면서 모두 진료를 통하여 지진의 고통으로 힘들고 지친 환자들을 어루만져 주겠노라 다짐을 하였다. 현지의 한국 미얀마 친선협회 회장이 직접 와서 진료 예정지를 주선해 주었고, 줄곧 차량 다섯 대가 우리 일행을 에스코트해주었다. 고속도로는 비교적 깨끗하고 도로변에는 플루메리아의 분홍색, 붉은색 꽃이 우리나라 철쭉처럼 정겹게 다가온다.

오후 1시경, 예정된 의료 진료처에 도착하여 텐트를 치고 바로 진료에 임하였다. 천막 사이로 들어오는 환한 햇살 속에서 우리는 환자들을 맞이하였다. 나는 외과, 정형외과, 성형외과와 피부과 분야를 진료하였는데 주위의 지진 상황에서 알 수 있듯이 다친 환자들이 꽤 많고 치료를 못 받아서 상처가 모두 곪아있어 안타까웠다. 항생제를 처방받지 못하여 상처가 모두 심각한 상태. 환부를 소독하고 연고를 발라 붕대를 감아 처치해주고 항생제를 나누어 주었다.

치료를 받지 못하고 있던 환자들에게 우리는 어떻게 여겨질까?

그들의 손을 꼭 잡아주고 두려움이 가득한 눈을 바라봐 주는 것만으로도 그들의 얼굴에는 안도감이 스며들었다. 언어는 다르지만 미소 하나가 말보다 선명하여 우리는 이미 서로를 깊이 알아보았다. 치료를 하면서 인류애가 뜨겁게 불타오름을 느꼈다. 열악한 환경이다 보니 옴 환자를 비롯하여 피부질환자도 많은데, 옴 치료 약을 준비하지 못해 증상을 완화 시키는 약제만 투여할 수밖에 없어 안타까웠다. 치료를 받지 못하여 무릎과 다리가 퉁퉁 부은 환자도 있어 붕대를 감고 항생제와 진통 소염제를 주었다. 비록 지진이 일어나 그 참상은 심각하여도 환자들의 표정만은 밝아 그나마 안심이 되었고, 우리 일행에 대해 감사하는 마음을 그들의 표정에서 느낄 수 있었다. 나는 그때 알았다. 의료란 치료와 약품 처방을 넘어 누군가의 어둠을 밝혀주는 존재가 될 수 있음을.

안과 환자도 많고 노안 환자들에게는 정근 총괄 대장이 준비해 간 돋보기안경도 처방해 주니 인기가 대단하였고 다래끼 등의 안과 질환도 치료해 주었다. 김정용 선생님은 내과계 질환, 감기 환자를 치료하느라 눈코 뜰 새가 없이 수고를 해 주셨다. 우울하고 지친 환자들에게 정신과 치료가 긴급히 필요했기에 환자들의 마음을 위로하고 지진의 아픔을 치유하는데 큰 역할을 하였다.

더운 날씨에 모두 땀에 젖어 지친 모습이 안쓰럽기도 하고 웃음이 나온다. 임영문 목사님과 문예진 간호사가 가장 늦게까지 약을 봉지에 담아주느라 힘겨워하면서도 보람으로 가득 찬 모습이 선연하다.

방송팀은 진료하는 곳곳을 찍고 치료하는 모습을 담았다. 저녁엔 드디어 길었던 진료를 끝내고 환자들과 아쉬운 이별의 정을 나누었다. 폐허 속에서도 삶은 다시 세워나가겠다는 의지, 우리를 향한 감사의 마음이 고스란히 담겨있고 삶을 향한 희망의 편린을 느낄 수 있었던 하루였다.

지친 몸으로 숙소로 다시 돌아오는데, 많은 건물이 무너지고 5층 건물의 아래 한 층이 폭삭 내려앉아 4층으로 변한 건물들이 많이 보였다. 1층의 사상자를 들어낼 수가 없어 방치하고 있는 탓에 악취가 진동하였다. 호수는 곳곳에 균열이 가 있으나 댐이 붕괴되지는 않았는지 물은 가득 차 있었다. 열대 지방답게 노변에는 이름 모를 예쁜 꽃나무들이 지친 심신을 달래주었다.

호텔로 돌아와 샤워를 마치고 저녁식사를 하였는데 비교적 고급 호텔이라 메뉴도 다양하고 과일도 수박, 파인애플을 비롯하여 다양하고 싱싱하였다. 식사를 마치고 회의를 한 결과 다음 날은 지진의 진앙지 인근 도시인 만달레이시에 가기로 결정되었다. 정근 총괄 단장은 언제나 상황판단이 빠르고 결단력이 있어서 위험을 무릅쓰고 이런 결정을 내릴 수가 있었다. 이곳 라피도는 정부군이 점령하고 있어서 그나마 치안은 비교적 나은 편이나 만달레이는 구 미얀마의 수도였고 현재는 반군이 점령하고 있어서 치안이 매우 열악하다고 한다. 우선 도로 사정이 나빠서 200km 정도의 거리를 가는 데 6시간이나 걸린다고 하니 새벽 4시 30분에 출발하기로 결정하였다. 호텔에 심어져 있는 부겐베리아 꽃의 그윽한 향을 음미하며 숙소로 돌아와 모두 지친 하루를 마감하고 깊은 잠에 빠져들었다.

II. 가자! 진앙지 만달레이로

아침 새소리에 잠을 깼다. 간단히 세수만 하고 호텔 로비로 갔으나 버스만 와 있을 뿐 아무도 없다. 30분이 지나자 모두 모여들었다. 문자로 5시에 출발한다고 알려주었다고 하지만 우리는 보지 못하고 더 일찍 나왔던 것이다. 그러나 새벽에 들이마시는 아침 공기는 참으로 청량하였다. 호텔에서 마련해준 도시락을 지참하고 차에 올랐으나 반군이 점령하고 있는 도시라 치안이 걱정되어 마음은 무겁기만 하다. 갈라져 차가 덜컹거리고 끊어진 길 때문에 작은 도로로 우회하여 5시간이나 걸려 만달레이에 도착하였다. 이곳 YMCA 단체와 어젯밤에 연락이 되어 진료소가 마련되어 있었다. 불교국가인 미얀마는 사원과 탑이 엄청나게 많은데 탑들의 중간부가 뚝 떨어져 나가 처참한 모습들을 하고 있다. 오래된 낡은 건물들은 완전히 무너져있고 사원들도 대부분 기울어지거나 파괴되어 있었다. 거리마다 주민들이 텐트에 의지하여 생활하고 있는 모습이 애처롭기만 하다. 지진은 인간의 삶을 깊이 갈라놓았지만 그 틈 사이로 피어나는 희망은 균열보다 훨씬 강할 것이다.

도시락에는 빵 한 개와 바나나 한 개, 음료수가 있어 이것으로 아침을 때웠고 점심 먹을 새도 없이 초코빵 두 개씩 나누어 먹고 진료를 시작하였다. 환자들로 장사진을 이루었고 숨을 못 쉬는 환자가 있다고 하여 의료진이 그 환자에게 먼저 달려갔다. 심장질환 환자였는데 여기저기서 받은 약을 과도하게 복용한 것 같았다. 청진기로 심장의 고동을 들어 보니 마치 확성기로 듣는 양 심장이 요동치고 있었다. 환자가 가진 약을 조사하여 다시 알맞은 심장약을 복용하도록 권하였고 환자는 곧 안정되어 호흡도 좋아졌다.

심한 당뇨발로 발바닥, 발꿈치에 궤양이 있는 환자에게 괴사조직을 잘라내고 연고를 발라 드레싱을 하고 붕대를 감아 치료하고 치료재료도 넉넉히 주었다. 그의 표정에서 삶에 지친 고달픔이 확연히 드러나고 있었다.

움직일 수 없는 환자가 있다고 하여 가보니 초췌한 50대 여성 환자의 우측 다리는 깁스를 한 상태였고 x-ray 필름도 가지고 있어 살펴보니 정강이뼈의 상부 골절 부위는 금속으로 잘 고정되어 있었다. 깁스를 떼어내니 그동안 치료를 하지 않아 봉합 부에 염증이 심하다. 봉합사를 모두 제거한 후 소독약으로 염증 부위를 깨끗하게 씻어내고 연고를 바르고 드레싱하여 처치하고 붕대를 감아주었다.

피부병, 감기 환자, 허리, 무릎 통증 환자가 많았고 정신과 김상엽 선생님은 지진 트라우마로 우울증에 빠진 환자, 상실증 환자들의 치료에 많은 시간을 보냈다. 현지 여의사 한 분이 진료에 참여하여 김정용 선생님을 도와 문진과 통역 등 많은 도움을 주었다. 이 예쁘고 젊은 여의사는 언젠가 한국에 유학하여 우리의 의료를 배우고자 하는 열망을 갖고 있었다.

땀에 범벅이 되어 지쳐갈 무렵이 되어서야 진료를 끝냈다. 진료 후 환자들과 부둥켜안고 눈물의 이별을 하고 다시 라피도로 돌아오는 버스에 몸을 실었다. 미얀마의 하늘은 붉게 물들어 있었다. 그 노을은 처절한 아픔 속에서도 다시 피어나는 인간의 강인함을 닮아 있었다. 나는 다짐했다. 어디서건 어떤 재난이건 도움을 필요로 하는 곳이 있다면 주저하지 않고 발걸음을 내딛겠다고.

차를 타고 오면서 단 하나의 야트막한 산맥을 봤을 뿐 미얀마의 중남부 지역은 평지의 나라였다. 그러나 북부 미얀마는 반군이 점령하고 있으며 산악지대라고 한다.

한때는 세계 쌀 수출국 1위를 차지했을 만큼 쌀의 수확량이 많았다고 하며, 한국 전쟁 때 우리나라에 많은 쌀을 지원하여 전쟁의 기아에서 건져내어 준 우리에게는 참으로 고마운 나라이기도 하다. 모든 국민이 먹고사는 데에는 지장이 없는 나라, 그러니 행복 지수가 매우 높은 나라이다. 아직 정치적으로 혼란을 겪고 있으나 잠재력만은 무궁한 나라라는 느낌을 받았다.

다음날 우리 일행은 양곤으로 와서 이 나라의 국부 아웅산 묘지의 한국인 순국비를 돌아보고 세계 최대의 황금 사원인 쉐다곤 파고다 공원을 둘러보았다. 이 사원에는 72톤 이상의 황금과 다이아몬드 등 보석으로 장식되어있고 수십 개의 석탑과 석가모니 부처님이 모셔져 있는 그야말로 웅장함과 아름다움의 극치라고 할 수 있었다. 수많은 인파들로 사원을 가득 채우고 있었고 사원의 여기저기에는 스님과 불자들이 기도하는 모습이 경건함을 더하였다. 남녀 아이를 점지해 준다는 신비한 부처도 있어 빌며 공을 드리고 있는 모습도 이채로웠다. 보리수 아래 참선을 하시다가 깨달음을 얻으셨다는 그 보리수나무를 접목하여 심었다는 이곳의 보리수나무도 엄청난 자태를 뿜어내며 이 사원을 더욱 빛나게 하고 있었다. 장엄한 사원이 빚어내고 있는 위용과 붉게 타오르는 저녁노을이 경건한 불심으로 온몸을 불사르고 있었다. 웅대한 쉐다곤 사원을 바라보며 미얀마의 찬란했던 옛 영화를 돌아볼 수 있었고, 불심을 느낄 수 있었던 잊지 못할 석양이 빛나는 저녁이었다.

시장도 돌아보며 하루를 쉰 후 13명의 의료전사들은 아침 일찍 출발하여 미얀마 항공편으로 귀국하였다. 귀국장인 김해공항에는 온병원 직원들이 나와 귀국을 환영해 주었고 범어사 방장이신 정여 스님께서도 나오셔서 우리 일행의 귀국길을 영접해 주셨다.

김석권

부산대학교 의과대학 졸업, 의학 박사

동아대학교 의과대학 성형외과 주임교수

의과대학 학장 역임, 대한민국 의학한림원 회원

〈에세이스트〉 2008년 신인상으로 등단

수필공부 천년약속 회원, 부산문인협회 회원

부산 의사문우회 회장역임, 한다사 문학회 회장 역임

〈에세이스트〉 올해의 작품상 수상

이메일 : sgkim1@dau.ac.kr

임선영

바람에 실려 온
초원의 노래

연일 35도를 넘는 폭염을 피해 울란바토르 칭기즈 칸 국제공항에 내린 것은, 높고 청명한 하늘이 끝없이 펼쳐진 정오 무렵이었다. 마치 우리나라의 가을 하늘을 옮겨놓은 듯했다. 공항은 지방 공항만큼 아담하고 한산했다. 그곳에서 우리 일행을 맞이한 이는 몽골 특유의 건장한 체구를 지닌 가이드 잔다 씨였다. 어디선가 본 듯한 낯익은 얼굴, 그는 닷새간 함께할 든든한 동행이 되었다. 이번 여정은 넓은 몽골 땅에서 울란바토르 동쪽 지역을 둘러보는 일정이었다.

몽골인은 애초부터 하나의 단일 민족으로 존재했던 것이 아니다. 1206년 칭기즈 칸이 유목 부족들을 하나로 통일하면서 비로소 여러 부족이 뒤섞인 공동체가 만들어졌다. 따라서 '몽골'이라는 이름은 혈통적 의미의 민족이라기보다 다양한 부족을 아우른 국가적 정체성에 가까웠다. 오늘날 공식 명칭이 '몽골리아(the Republic of Mongolia)'인 것도 같은 맥락에서 이해할 수 있다. 흥미로운 사실은, 몽골인들이 자신들의 뿌리이자 상징인 칭기즈 칸을 본격적으로 재인식하기 시작한 시점이 의외로 1991년 소련 해체 이후, 민주주의 체제가 들어선 때부터라는 점이다.

가장 먼저 발길이 향한 곳은 은빛으로 빛나는 거대한 칭기즈 칸 기마상이 세워진 천진벌덕 언덕이었다. 높이 50미터에 달하는 세계 최대의 기마상으로, 내부를 지나 밖으로 나오면 말머리 위 전망대에 설 수 있다. 그곳에서 내려다본 초원은 끝이 보이지 않을 만큼 광활했고, 바람에 실려 오는 듯한 영웅의 호령이 시공을 넘어, 울려 퍼지는 듯했다. 파란 하늘과 순백의 구름은 동상을 광배처럼 감싸며 장엄한 분위기를 더했다. 건너편 언덕에는 어린 테무친(칭기즈 칸의 본명)을 훌륭히 키워낸 어머니의 동상이 서로 마주하듯 서 있다. 차로 십여 분을 달려야 가까이 다가설 수 있을 만큼 웅장한 배치였다. 잔다 씨는 씨름선수를 연상시키는 체격이지만, 이동하는 내내 자신들의 역사와 문화를 술술 풀어내며 자부심 어린 해설을 곁들였다. 그의 설명을 듣다 보니, 몽골의 하늘처럼 탁 트인 기개가 그들의 정신 속에도 여전히 살아 숨 쉬고 있음을 느낄 수 있었다.

칭기즈 칸은 13세기 초, 흩어진 부족을 통합해 국가를 세우는 데 그치지 않고 대륙을 넘어선 거대한 제국을 일으켰다. 테무친에서 칭기즈 칸으로 거듭난 그는 끊이지 않던 부족 간의 납치와 살상이 공동체를 파괴한다고 여겨 납치를 금지했고, 종교적 박해가 폭력을 낳는다고 여겨 종교의 자유를 보장했으며 나아가 성직자에게는 세금 감면 혜택까지 베풀었다. 거대한 제국을 다스리기 위해 역참제를 시행해 상인과 사신의 숙소로 활용하게 하고, 물품 과세 기준을 마련해 이중과세를 방지했다. 이렇게 몽골제국은 유라시아 대륙을 잇는 최초의 자유무역지대가 되었다. 오늘날 미국발 관세전쟁으로 세계가 몸살을 앓는 현실을 떠올리면, 그의 정책은 놀라울 만큼 앞서있었다.

이번 여정은 바로 그 칭기즈 칸의 흔적에서 시작되었다. 초원을 가득 메운 야생화를 밟으며 걷고, 밤에는 별빛을 헤아리며 하늘 아래 머무는 시간 여행이었다. 흔히 몽골이라 하면 황량한 사막과 흙먼지, 매서운 바람에 볼이 발갛게 변한 채 말을 몰아 양 떼를 모는 유목민, 그런 풍경을 떠올리기 쉽다. 그러나 내가 만난 몽골의 여름은 의외로 끝없는 초록의 바다였다. 여행 시기를 이렇게 잘 만난 것도 큰 행운이었다.

첫날 숙소는 톨 강 근처의 게르였다. 저녁 무렵 가까운 야산을 오르자, 발아래에는 게르가 줄지어 서 있고, 강가에서는 소들이 시내를 건너, 집으로 돌아가고 있었다. 밀레의 '만종'을 보는듯했다. 해는 이미 졌지만, 하늘은 여전히 환했으니, 백야의 시간이었다. 들판 가득 핀 들꽃은 그들만의 향연을 벌였다. 구름국화, 델피니움, 샤프란, 절굿대, 에델바이스, 마타리, 버베나, 수레국화, 개양귀비… 이름을 다 외기도 벅찰 만큼 다양하고 찬란했다. 그 순간, '천국이 있다면 아마 이곳일 거야.' 하는 감탄이 저절로 나왔다.

다음날 이른 새벽, 9도의 차가운 공기를 맞으며 점퍼를 걸치고 숙소 밖으로 나섰다. 이미 소들이 게르 앞 잔디밭까지 내려와 느긋하게 풀을 뜯고 있었다. 인기척 따위에는 아랑곳하지 않는 듯, 자연의 한 부분으로 어우러져 있었다. 동쪽 하늘이 붉게 물들자, 강가에도 오렌지빛이 드리웠고, 그 빛은 구름을 타고 하늘 끝까지 번졌다. 붉은 여명은 마치 손을 뻗으면 닿을 듯 가까웠다. 차가운 바람은 선물처럼 상쾌했고, 순박한 소들과 눈을 맞추며 마신 모닝커피는 이번 여행의 특별한 순간 중 하나였다.

다음 여정은 대초원을 가로질러 칭기즈 칸의 고향, 헨티로 향하는 길이었다. 끝없이 펼쳐진 초원을 달려 도착한 곳에는 게르 한 채와 흩어진 소 떼만 보일 뿐, 유목민의 아들로 태어난 영웅의 고향이니 화려한 흔적을 기대하는 것은 어리석은 일일 터다. 그곳에는 그저 고요함만이 감돌았다.

게르 안으로 들어서자 질서 정연한 내부가 눈에 들어왔다. 아늑했다. 정면은 조상과 신의 영역으로 불상이 놓여 있었고, 오른쪽은 여성의 자리라 부엌과 침상이 마련되어 있었다. 왼쪽은 남성의 자리로, 침상 위에 활과 사냥 도구, 가축을 매는 밧줄이 가지런히 놓여 있었다. 출입구 옆에는 커다란 가죽 부대 속에서 마유주가 발효 중이었고, 아이부터 어른까지 들락날락하며 한 번씩 휘저어 주고 있었다. 화덕에는 소젖이 치즈로 변해가고 있었다. 구석에는 눈이 큰 어린 남자아이가 스마트 폰 화면에 몰두해 있었다. 외부인의 시선에도 아랑곳하지 않는 모습에서 문명의 그림자가 이 오지 깊은 곳까지 스며들었음을 느낄 수 있었다. 몽골 사람들은 손님을 환대하는 전통을 오래도록 이어왔다. 마유주 한 잔, 치즈 한 조각과 소금이 들어간 슈테 차를 내왔다. 낯설면서도 우리 육수의 깊은 맛과 닮아 있었다. 따듯한 환대에 정중히 인사하고 게르를 나서니, 다시 초원의 상쾌한 바람이 맞아주었다.

테를지 국립공원으로 들어가는 길목에 자리한 돌탑 '오워' 앞에 섰다. 우리나라 서낭당과 비슷한 이 돌탑은 마을 언덕이나 산마루에 피라미드 모양으로 세워져, 몽골 사람들에게 신성한 의미를 지닌다. 그들의 풍습을 따라 탑을 돌며 우리 모두의 안녕을 기원했다. 낯선 땅에서의 기원이었지만, 마음속에는 오히려 오래된 고향의 그리움이 번져왔다.

항 헨티산 자락에 펼쳐진 테를지는 유네스코 세계유산에 등재된 곳이다. 중생대에 형성된 바위산은 수천만 년 비와 바람에 깎여 부드러운 암벽을 이루었고, 그 아래 구릉지대에는 초원과 야생화 군락이 한 폭의 그림처럼 펼쳐져 있었다. 해발 1,200m의 대지 위로 1,920m 열트산 능선은 나지막하게 이어져, 누구라도 천천히 걸을 수 있는 길을 내어주었다. 야생화가 끝없이 이어지는 황홀한 들판을 지나자, 전나무와 잣나무가 버킹검궁 앞 병정처럼 도열해 우리를 맞이했다. 자작나무 숲의 하얀 기둥은 또 다른 장관을 이루며 시선을 붙잡았다. 조금 더 오르자, 무리 지어 내려오는 말들이 바로 눈앞까지 가까이 다가왔다. 순간 움찔했지만, 조련사의 휘파람 소리에 맨 앞의 우두머리 말이 고개를 돌리자 뒤따르던 말들이 일제히 방향을 바꾸었다. 그 질서정연한 일체감은 마치 한 편의 군사훈련을 보는 듯했다. 마침내 열트 산 정상에 서자, 눈앞에 끝없이 펼쳐진 풍경이 가슴을 열어젖혔다. 파란 하늘 위에 흰 구름이 유유히 흐르고, 맞은편 능선은 산 그림자를 그리며 끝없이 펼쳐진다. 발을 떼면 한걸음에 다다를 듯했다. 탁 트인 시야 속에 나 또한 바람이 되어 흘러가는 듯했다.

이번 몽골 여정에는 아주 특별한 문학 기행이 더해졌다. 우리는 1906년에 태어난 몽골의 민족시인, 나착도르지의 탄생지를 찾아 길을 나섰다. 사방은 끝없이 펼쳐진 초원, 딱히 길이라 부를 만한 흔적조차 없이 차창 밖에는 흙먼지와 풀잎만이 바람에 흔들리고 있었다. 한 시간 가까이 달려 도착한 곳에서 우리를 맞은 것은 광활한 대지 위 덩그러니 서 있는 기념비 하나였다. 딱 게르 한 채 크기의 시멘트 바닥 위에 세워진 철제기념비. 장식이라곤 티베트 불교의 영향으로 위에 매달린 오색 깃발뿐이었다. 거센 바람에 그 깃발이 펄럭일 때마다, 철제기념비가 갑자기 살아 움직이는 듯했다. 주위에는 오직 적요만이 가득했다. 그 고요를 깨며 가이드 잔다 씨가 그 앞에서 시를 낭송하기 시작했다. 낯선 몽골어가 바람에 실려 초원을 가득 메우자, 그것은 단순한 말소리가 아니라 대지 전체가 울리는 듯한 울림이었다. 낭송을 마친 그는 씁쓸하게 웃으며 말했다.

"우리 몽골 사람은 이렇게 살 수밖에 없어요. 칭기즈 칸 시대 이후 800년 넘게, 유목의 방식 그대로 살아갈 수밖에…"

그의 자조 섞인 말과, 조금 전 들은 나착도르지의 시가 겹쳐지며 가슴 깊은 곳에서 뜨거움이 올라왔다. 그의 시어가 드넓은 초원에 바람이 되어 울려 퍼지고 있었다.

나 태어난 고향(Minu nutuγ 미니 노탁)

다시도르지 나착도르지

(Dašidorǰi-yin Načogdorǰi, 1906년~1937년)

헨티, 항가이, 사얀 같은 높고 아름다운 산맥들
북방을 꾸며주는 숲, 산줄기, 산들
메넹, 샤르가, 노밍같은 광막한 고비들
남방을 상징하는 모래 언덕의 바다들
이는 내가 태어난 고향, 아름다운 몽골땅

부드러운 풀이 자라는 아름다운 초장이 있는 곳
이리저리 누빌 수 있는 평평하고 아름다운 땅
사시사철 마음대로 유목할 수 있는 목영지와
오곡이 자랄 토양을 가진 흙이 있는 곳
이는 나 태어난 고향, 아름다운 몽골땅

홍로 이래 내 할아버지 할머니들이 살던 곳
푸른 몽골시대(몽골 제국의시대)에 힘차게 일어선 곳
년년에 몸에 배고 세세에 정이 든 고향
새 몽골의 붉은 기가 뒤덮인 곳
이는 나 태어난 고향 아름다운 몽골땅…(중략)

임선영

2012년 〈한국산문〉 수필등단
공동수필집 《그들과의 동행》 외 다수

임선영산부인과의원 원장

한국의사수필가협회 부회장

이메일 : sylim17@hanmail.net

전경홍

반갑고
꿈같은 시간

주일, 교회에 가려고 택시를 탔더니 택시 기사가 알은체를 했다.

"원장님, 이제 많이 연로하신데 아직도 진료를 계속 하시나요. 우리 두 아들이 원장님의 진료를 받고 자랐습니다. 아이들이 많이 와 대기실에 가득하고 소란했는데 아이를 데리고 진찰실에 들어가면 원장님은 미소를 지으시면서 아이를 편안하게 진료해주셨어요. 큰 아이는 ○○회사 총무과장이고 둘째는 ○○학교 교감이랍니다."

"참 훌륭하게 키우셨습니다."

나는 그 당시, 그 아이들 뿐만 아니라 병원에 오는 아이 모두를 나의 아이로 여겼다.

저녁을 먹고 차를 마시며 TV뉴스를 듣고 있는데 전화벨이 울렸다. 전화를 받은 아내의 표정이 좀 굳어져 어디서 온 전화인지 궁금하던 차 "정보과장이라고 하네요." 하며 수화기를 넘겨주었다.

"안녕하세요? 전화를 김 경무관님께 넘겨드리겠습니다."

"원장님 아버지, 저 철입니다. 평안하시지요? 찾아뵐까합니다."

"그래 보고 싶다. 어서 오너라."

"여보, 철이가 온다는데 맛있는 간식 좀 준비하시오."

"철이는 귤을 참 좋아했는데, 냉장고에 좀 있어요."

철이가 경찰대학을 졸업하고 경위 계급장 달고 왔다가 간 지 한참 됐는데 얼마나 변했을까 생각하는 중 거실 문이 열리더니 "어머니 좋아하는 사과 배달왔습니다." 하고 철이가 상자를 내려놓았다. 큰 절을 하는데 무궁화 견장이 멋져 보였다.

"그래 이리와. 네가 좋아하는 귤을 먹으며 이야기 좀 하자."

철이는 "예" 하고 밝은 미소를 짓더니 "잠깐만요. 저 문간방이 우리 방이었는데…" 하고 가서 문을 열고 들어갔다 나왔다.

"우리 세 놈이 공부하고 한 이불에 뒹굴었는데 지금은 책이 가득한 서재가 되었네요. 그때 셋이 공부하고 한 이불에 뒹굴며 재미있게 지내던 방이라 순간적으로 옛 추억이 떠올랐어요. 하하하…"

"저녁은 먹었니? 일찍 왔으면 함께 할 걸 그랬구나."

"어머니, 오전에는 모교에서 후배들에게 특강을 했고 오후에는 경찰서에서 경찰관 근무에 대한 간담회를 하고 저녁도 같이 했습니다. 오늘 일정이 바빴습니다."

"그래. 네가 귤을 잘 먹었지. 같이 먹으며 이야기 좀 하자."

"이 귤 맛이 꿀맛이네요.… 사회가 발전하면서 사건들이 다양하여 경찰이 할 일이 많아졌습니다. 뵙고 싶은 마음이 있어도 시간을 낼 수가 없었습니다."

철이는 귤을 까서 우리 내외 입에 넣어 주었다.

"오랜만에 뵈오니 기뻐서 눈물이 납니다."

철이의 두 눈에서 눈물이 흘러내렸다.

"어릴 때 눈물은 철들게 하는 눈물이었고 오늘의 눈물은 그리움의 눈물이구나. 우는 모습이 어릴 때 같구나. 그만 울어라. 어서. 미남 얼굴에 주름 생길라." 하고 화장지를 주면서 달랬다.

"우리 병원 가족들에게 맛있는 음식을 조리해 주셨던 모친은 근래에 어떻게 지내시나?"

"이제 어머님도 연로하셔서 백발노인이 되셨고 형님 집에 같이 살며 노인회관에 가셔서 노시고 그곳 노인대학에 다니며 즐겁게 지내시고 있어요."

"너의 가족은?"

"제 처는 ○○그룹 둘째 아들인 절친한 친구의 여동생인데 예뻐서 결혼했고 저는 아들이 둘인데 얼굴은 저를 닮았고 외탁을 했는지 키가 늘씬합니다. 맏이는 군에 갔다 와서 회사에 출근하고 둘째는 해병대에 복무 중입니다. 제 처가 아주 착하고 내조를 잘해서 행복합니다. 그래서 저는 걱정 없이 근무 잘하고 이번에 승진했습니다."

철이는 일어서더니 "충성! 경무관으로 승진 신고합니다." 하고 경례를 하였다.

"참 잘되었구나."

우리 내외는 박수갈채로 축하했다.

"제 어머니가 조리사로 일할 때 쌍둥이 찬경, 찬영이가 형, 형 하며 많이 따랐고 함께 공부하고 놀 때 정이 많이 들었어요. 얼마 전종로 경찰서에 근무할 때는 찬영네 가족과 함께 찬영네 병원 건너편 혜화뷔페에서 회식을 하며 정을 나누었고 저 멀리 시드니에 있는 찬경이도 쌍둥이 아빠로 식구가 여섯이나 된다죠. 보고 싶으면 가끔 영상 통화를 하는데 쌍둥이 형제는 주립 대학생이고 셋째는 고등학생이라는데 기타 치고 노래하며, 막내아들도 피아노 치고 귀엽게 생겼데요. 보고 싶으시지요? 시드니 한번 다녀오셨어요?"

"너무 멀어. 비행기로 열 시간 걸려. 우리 나이에 피곤해서 자주 못 갔다. 두 번 다녀왔다."

"제가 중학생 때 사랑스러운 쌍둥이 형제가 "형, 형"하고 많이 따랐는데, 장난이 심했어요. 학교만 갔다 오면 만화방으로 강변과 공원으로 경이와 영이를 데리고 다녔죠. 그때 저를 가끔 부르셔서 네 꿈이 경찰이라고 했지? 공부를 해야 훌륭한 경찰이 된다고 하시며 가끔 꾸짖으셨어요. 왜 이리 간섭이 많으신가. 나는 속상해서 울 때가 있었는데 사모님이 다가오셔서 철아, 세수하고 이 귤 먹고 동네한 바퀴 돌고 오너라. 원장님이 네가 미워서 말씀하시는 것 아니다.

열심히 공부해서 훌륭한 경찰이 되라고 그러신다. 형이 잘하면 동생들도 따라서 잘 하지 않겠나. 너는 형 노릇을 해야지! 하셨어요. 그때 저는 그 말씀을 명심하여 정신을 차려서 열심히 공부했기에 오늘날 경찰관이 되었습니다. 그리고 동생들도 잘되었잖아요.…"

"네가 형 노릇 잘했구나. 고맙다."

"벌써 10시가 되었네요. 오늘 귤을 먹으며 옛날의 즐거웠던 일들을 회상했고 참 행복한 시간이었습니다. 제가 일본 영사관에 2년 예정으로 파견 근무를 마치면 또 오겠습니다."

철이는 시계를 보더니 일어섰다.

"몸조심하고 소임에 충실해라."

"건강하시고 편안하게 지내십시오. 사랑하는 아버지, 어머니!"

철이는 다정하게 포옹을 하고 떠나갔다.

내 마음의 아들아! 언제 또 만날 수 있겠나! 참 반갑고 꿈같은 시간이었다.

전경홍

前 문경 동산가정의학과의원 원장

2003 한국문인수필 신인상

2008 한미문학상, 한국수필문학상, 보령문학상

2015 한국의사수필가협회 회장, 한국장로문학상

2016 저서 《할말은 많은데》 공저 《행복의 조건》

25회 문경대상 수상, 2019 문경예술인의 밤 공로패 수상

이메일 : z01051624451@gmail.com

박관석

발가락이
닮았네

"이 녀석 검사 좀 해 줘요."

할머니의 손에 이끌려 진료실로 들어온 아이의 눈엔 눈물이 가득했다. 동그란 눈, 오뚝한 코를 가진 아이가 왠지 이국적인 느낌을 풍긴다고 생각한 순간, 손을 뿌리친 녀석은 복도로 뛰어나갔고 그 모습을 바라보던 할머니의 눈빛은 매섭게 변해갔다.

"여기서 친자 검사도 해주죠?"

난감했다. 검사는 어렵진 않았지만 복잡한 문제란 직감이 왔다. 의사로선 질병을 알고리즘에 따라 접근하고 병명을 밝혀 치료하는 게 가장 편하다. 하지만 사람의 일이라 변수가 생긴다.

잘 이어지던 알고리즘의 직선에 곡선이나 알 수 없는 도형이 끼어

들면 따라붙는 게 있다. 누군가의 아픔, 좌절, 그리고 때론 슬픔과 상처가 그것이다. 무거운 책임이 더해질 땐 그 끝이 무한대가 되기도. 또 헤어 나오기 힘든 블랙홀로 빨려 들어갈 때도 있다.

회피하고 싶단 생각이 들 때쯤 날카로운 말이 고막을 파고들었다.

"내 핏줄이 아닌 게 분명해요. 확인까지 했으니 의사 양반은 맞다는 것만 밝혀줘요!"

확신에 찬 말을 하며 꼿꼿이 서 있던 할머니의 기억은 6년 전 어느 날로 회귀하고 있었다.

그분의 며느리는 외국인이었다. 이점이 탐탁지 않았지만, 나이 많은 아들의 결혼이고, 임신까지 했다고 하자 손이 귀한 집 맏며느리였던 할머니의 불만은 사그라들었다. 게다가 싹싹한 며느리의 성격은 그녀의 마음을 돌리기에 충분했다.

그러던 중 할머니의 고개를 갸웃하게 만드는 일이 발생했다. 여섯 달 만에 태어난 아기는 생각보다 튼실했고, 아빠의 얼굴과도 딴판인데다 피부마저 검은 편이었다. 그래도 귀하게 얻은 손자라 애지중지하며 키웠건만 주변인들의 입방아가 문제가 됐다.

"○○댁 손주는 어디서 주워 온 거 아냐?. 아빠나 엄마를 아무도 안 닮았어."

대수롭지 않게 생각했던 말도, 자주 듣다 보면 무시할 수 없게 된다. 며느리를 불러 아이에 관해 물었고, 대답을 회피하는 태도에서 의심이 싹텄다. 한 번 뿌려진 의심의 씨앗은 주변의 뒷말이 거름이 되어 자라났고 결국 오늘처럼 할머니를 병원까지 오게 만들고 말았다.

검사를 위해 친부모가 와야 한다고 전했다. 다음날 마주한 아빠의 얼굴은 아이와 사뭇 달랐다. 검사를 하지 않아도 예측할 수 있었다. 내 표정을 읽었는지 망설이던 그는 잠시 후 오랫동안 봉인해 둔 진실들을 하나씩 풀어놓기 시작했다.

긴 호흡이 필요했다. 누군가의 감춰진 이야기를 듣는다는 건 때론 그 무게를 함께 감당해야 함을 의미한다. 의도하든 그렇지 않든 내 안에 들여놓은 타인의 상황이 며칠 밤을 새우게도, 아픔에 가슴이 저리도록 만들기도, 또 그걸 넘어 법적인 책임을 져야 할 때도 있다.

차분히 이어지는 그의 말은 따스한 국화차의 깊은 향처럼 내 안으로 서서히 스며들었다. 아내를 좋아하는 감정이 생겼을 땐 임신한 상태였단다. 집안끼리 맺은 인연은 오래가지 못했고, 전남편의 폭력까지 더해지며 그녀는 처참히 무너져갔다. 이혼하고, 죽음의 문턱에 다다를 즈음 그가 나타났다. 새로운 인연이 싹 텄지만, 둘 사이엔 큰 산이 가로막고 있었다.

잉태된 생명을 끊어 내기는 어려웠고, 아기를 낳았을 때 받을 주변의 따가운 시선과 소문을 이겨내는 것도 힘든 일이었다. 하지만 모든 걸 감내할 만큼 남자의 사랑은 깊었다.

"아이를 키우면서 단 한 번도 내 아들이 아니라고 생각해 본 적이 없어요. 보세요, 키도 훌쩍 크고 손가락이 긴 게 저를 많이 닮지 않았나요?"

말을 마치며 그는 내 앞으로 거칠은 상처투성이의 손을 쑥 내밀었다.

달콤한 사랑, 눈에서 꿀이 뚝뚝 떨어지고, 깨소금 냄새가 풍기는 사랑. 하지만 우리가 경험한 사랑은 과연 그랬던가? 고통에 몸부림치고, 아픈 가슴을 부여잡고 또 긁히고, 상처투성이가 될 때까지 버티고 감내해야 지켜질 수 있는 게 사랑이란걸 깨닫는 덴 오랜 시간이 걸린다. 내 앞에 가지런히 놓인 젊은 아빠의 거친 상처투성이의 손이 그걸 말해주고 있었다.

그의 눈을 마주했다. 그렁그렁한 큰 눈, 오똑한 코, 그리고 햇볕에 그을린 구리색 피부가 아이와 똑 닮아 보였다.

다음 주 할머니를 병원으로 오시게 했다.

"할머니. 아니 친손주도 못 알아보시면 어떡해요. 유전자가 정확히 일치하는데요."

나는 의뢰하지도 않은 검사 결과를 할머니께 알려드렸다. 법적인 문제가 될지 모른다는 며칠간의 걱정이 남자의 손과 부부의 간절한 눈빛을 본 순간 사라졌기 때문이다. 더 이상 결과지를 요구하지 않던 할머니의 얼굴에도, 두 손을 꼭 잡은 부부에게도 미소가 번져나갔다.

그 후 십 년이 넘는 세월이 흘렀다. 할머니는 뇌경색으로 쓰러져 도움의 손길이 필요했다. 매번 병원에 올 때면 걱정 어린 눈빛으로 그분을 부축하는 며느리가 있었고, 어느 눈 내리는 날 아침, 탈진한 할머니를 업고 온 사람은 다름 아닌 동그란 눈에 오뚝한 코, 그리고 아빠를 닮아 넓은 등을 가진, 멋지게 자란 손자였다.

박관석

보령 신제일병원장. 내과 전문의
2015년 〈에세이문학〉 여름호에 〈청진기〉로 등단
2024년 보령수필문학상 대상 수상
한국의사수필가협회 정보통신이사
이메일 : drpks@hanmail.net

정경헌

사랑은 앞으로
나아간다

20평 남짓한 빌라의 초인종을 눌렀다. 철문 너머로 "어머, 오셨어요?" 하는 밝은 목소리가 들렸다. 따뜻한 그 소리에 나도 모르게 마음이 들뜨고 '얼마나 좋아졌을까?' 하는 설렘으로 현관문 손잡이를 서둘러 돌렸다. 문이 열리자 구수한 된장국 냄새와 오래된 나무장의 냄새가 한데 섞여 나를 감쌌다.

좁은 거실 한가운데엔 1인용 등산텐트가 덩그러니 놓여 있었다. 오후 햇살이 사선으로 내려앉은 그 끝자락에 허리를 반쯤 구부린 할아버지가 서 있었다.

"거실에서 지내니 아이들이 눈치를 보는 것 같아서요."

그의 얼굴엔 어색한 웃음이 번졌다.

안방 문은 반쯤 열려 있었고, 그 안에는 여든둘의 할머니가 누워 있었다. 좌측 편마비로 왼팔은 구부러져 있었고, 오른손은 물건을 간신히 잡을 정도로만 움직였다. 초점을 잃은 눈동자는 위아래로 자꾸 흔들렸다. 가까이 다가서자 부끄럽고 쑥스러운 듯 '조금 떨어져 달라'는 눈빛을 보냈다.

내 등 뒤에 서 있던 딸이 방 안을 향해 말했다.

"엄마아! 까꿍!"

"와아! 우리 엄마 잘한다!"

"아우! 그렇게 잘했어!"

아이를 달래듯 건네는 그 웃음은 방 안을 은은하게 밝히는 등불이 되었다. 나는 그 등불을 느끼며 환자의 눈을 들여다보고, 입 안을 살피고, 심장과 폐의 소리를 들었다. 복부를 만져보고 다리 부종을 확인했다. 요양보호사에게 배변 상태와 소변량을 확인한 뒤, 간호사는 혈액검사와 영양 보충을 위한 아미노산·비타민 주사를 놓았다.

방 안은 작았지만, 삶이 빽빽이 들어차 있었다. 남편과 요양보호사, 재택근무로 곁을 지키는 딸 그리고 방문 진료팀의 나와 간호사, 사회복지사까지. 모두의 얼굴에는 잔잔한 미소가 번졌다. 언젠가부터 이 집엔 웃음이 깃들기 시작했다.

이 집에는 네 식구가 함께 산다. 여든다섯의 남편, 여든둘의 아내, 쉰둘의 딸, 마흔여덟의 아들. 아들과 딸은 각각 작은 방을 쓰고, 환자는 안방을, 할아버지는 거실을 차지한 채 하루를 서로 부둥켜안고 산다. 방마다 시간이 다르게 흐른다. 안방엔 오래된 세월이 눕고, 거실은 할아버지만의 세계로 다시 태어나며, 작은 방엔 아직은 젊은 숨결이 남아있다. 냉장고 위엔 약봉지가 수북이 쌓여 있고, 벽에는 오래된 가족사진이 붙어 있다. 사진 속 네 사람의 얼굴은 환하게 웃고 있었다.

처음 이 집을 방문했을 때, 할머니의 욕창은 좁지만 깊었다. 상처는 뼈가 드러날 정도로 파고들어 있었고, 방 안에는 피와 살이 썩는 냄새가 공기를 지배하고 있었다. 할머니는 폐렴으로 입원한 뒤 치매가 심해졌고, 식사도 거부하고 있었다.

"이 상태라면 요양병원으로 옮기시는 게 좋겠습니다."

순간 딸은 고개를 떨구었다. 이내 눈가가 붉어지더니 떨리는 목소리로 말했다.

"선생님… 저희가 잘할게요. 도와주시면 가족 힘으로 해 볼게요. 네 명이 살잖아요."

그 목소리에는 흔들림보다 단단한 결심이 있었다. 그것은 막연한 고집이 아니라, 사랑이 가진 마지막 힘이었다. 나는 급히 요양등급 소견서를 써 1등급을 받게 했고, 방문간호 주 4회를 연결했다. 비위관과 도뇨관을 삽입해 기본적인 돌봄의 틀을 마련했다.

가족은 매일 그 결심을 몸으로 증명했다. 딸은 하루 두 번 상처를 소독했고, 시간에 맞춰 체위를 변경했다. 대변이 상처에 닿지 않게 세심하게 관리했다. 그렇게 4개월 동안 공을 들이자 상처는 서서히 아물었다. 붉은 살점은 다시 살색으로 돌아왔고, 집 안 공기에는 이제 미소가 스며들었다.

나는 지금도 마지막 드레싱 거즈를 떼어낸 그 순간을 생생히 기억한다. 마비 환자의 깊은 욕창이 완전히 아물 수 있다는 사실이 경이롭고 신비했다. 인간의 몸이 보여준 회복력 앞에, 그리고 그것을 이끌어 낸 사랑 앞에 나는 고개를 숙였다.

어느 날 딸이 내게 말했다.

"요즘은요, 엄마가 저를 알아봐요. 웃는 것도 같아요. 간호사 선생님이 재활치료를 해주시거든요. 팔도 조금씩 움직여요. 어쩌면 조만간 저를 안아줄지도 몰라요. 아이가 엄마 품에 안기듯요."

나는 고개를 끄덕였다. 이제 엄마는 아기가 되었고, 딸은 엄마가 되었다. 시간은 거꾸로 흐르지만, 사랑은 앞으로 나아간다.

진료를 마치고 골목을 걸어 나오며 그 집 창문을 돌아봤다. 유리창에 반사된 오후의 빛이 노랗게 반짝였다. 그것은 생의 끝이 아니라 또 다른 시작의 빛, 희망의 불씨였다.

누군가는 늙고, 누군가는 돌본다. 그렇게 사랑은 또 한 번 세상을 이어간다. 그 집의 시간은 느리고 고단했지만, 그 속에는 인간이 인간으로 남을 수 있는 마지막 품격이 있었다.

정경헌

2006년 〈에세이문학〉 완료 추천

한미수필문학상 1회, 2회 수상

현재 서울 강서구 정내과 의원 원장

이메일 : taese2@hanmail.net

2025 한국의사수필가협회 공동수필 제 17집

사랑은 앞으로 나아간다

옥탑방 화실 풍경

정준기

수잔 발라동
이야기

　오늘 나는 프랑스 파리의 빈민가 출신으로 몽마르트에서 가난한 화가들의 모델을 하던 어린 소녀가 나중에 프랑스의 대표적 여성 화가가 되는 입지전적 이야기를 여러분에게 소개하겠다. 그녀의 이름은 수잔 발라동(Suzanne Valadon, 1865-1938), 관계되는 화가는 르누아르(Renoir)와 틀루즈-로트렉(Taulouse-Lautrec)이며 전위적 음악가인 에릭 사티와 전설적인 사랑도 유명하다. 다시 말하면 예술계에서 도드라지게 일생을 살았다는 의미이다.

　약 150년 전에 수잔은 아버지를 모르는 여아로 태어났다. 그녀의 어머니 역시 아버지가 없이 빈민가에서 태어나 세탁과 청소일을 하면서 평생을 고생하며 지냈다. 어쩌면 어머니와 비슷한, 숙명적으로 고달프고 힘든 삶이 예견되었다. 그러나 열여섯 살 때 그 당시 인상주의라는 기치 아래 새로운 화풍을 시도하던 가난한 화가들의 모델이 되면서 그녀의 인생은 급커브를 돌게 된다. 유난히 삶에 열정이 가득해 어릴 때부터 어머니를 따라 세탁과 청소를 하고, 식당 종업원, 가게 판매원, 서커스 단원으로 고생을 하던 수잔에게 그림 모델은 한가하고 평안한 직업이었다. 실내 초상화와 풍경화 속의 모델은 물론 누드화의 모델 역할도 하였고, 물감 조달, 판화, 인쇄술 등을 익혀 미술가로서의 꿈과 소양을 키웠다. 즉, 미술학교에서 체계적으로 배우는 대신 온전히 현장 견학과 실기 참여로 남다른 자산을 얻었다. 물론 새로운 미술 발전을 주도하는 인상파 화가들의 창조적 패기와 열정이 가득한 현장 분위기도 경험했을 것이다.

그 당시 회화는 상류층을 대상으로 역사적 인물이나 사건을 세밀한 실사로 강조하는 사실주의 화풍이 주도하고 있었다. 그러나 정치와 사상계에서 일반 평민의 권리가 중요해진 시대정신에 따라 평등주의, 자유주의, 개인주의의 이념을 미술 분야에서도 추구하게 되었다. 평민의 일상생활이 그림의 소재가 되면서, 저절로 실내에서 벗어나 햇빛과 자연의 조화에서 오는 새로운 시각적 인식을 강조하는 인상파 화가들이 생겼다. 그들은 국가 미술 전시회에서 떨어진 그림들을 모아 '낙선 전시회(1874-1884)'를 해마다 개최하였다. 결국 이런 시도가 일반인의 호응을 얻어 미술계가 역사적인 변혁을 맞게 된다. 이후에도 상징파, 야수파, 입체파, 추상파 등 근현대 미술 사조들이 뒤를 이어 태어나, 다양하고 독특하게 미적 정취를 표현하게 된다.

주로 젊고 가난한 화가의 모델이었던 수잔은 그들과 숙식을 같이하면서 감성적으로 동화되어 서로 사랑하기도 했다. 영민한 수잔은 화가들과 미술에 대해 밤늦게까지 토론하고 새로운 화풍의 테크닉을 어깨너머로 익혔다. 여성의 아름다움을 강조하던 르누아르와 짝이 되어 〈우산〉〈부지발 무도회, Dance at Bougival〉〈야외에서의 댄스〉〈도시에서의 댄스〉 같은 걸작품의 모델이 되었으나 르누아르가 그녀의 동료 모델인 앨린을 결혼 상대자로 정하자 따로 독립하게 된다.

수잔은 그 당시 예술계에서 유명한 연애 사건의 주인공이 되기도 했다. 상대방은 현대 음악의 선구자인 에릭 사티(Eric Satie, 1866-1926)였다. 만나자마자 운명을 느낀 두 사람은 격렬한 사랑을 6개월 동안 불태운 후 이별하였다. 평생을 독신으로 보낸 에릭은 〈나는 당신을 원해요〉라는 왈츠 곡을 만들어 그녀를 기렸고 놀랍게도 이 곡은 아직도 젊은이들 사이에서 애창되고 있다.

오퀴스트 르누아르 작 〈부지발 무도회, Dance at Bougival〉

십 년 간의 모델 생활을 끝내고 마침내 그녀는 인체 특히 여성의 누드를 주로 그리는 화가가 되었다. 사실 보헤미아 예술의 중심지인 파리 몽마르트르는 수잔에게는 고향 동네인 것이다. 그녀는 인체를 각각 화가와 모델의 입장에서, 또 남자와 여자의 입장에서 다양하게 느낀 것을 묘사하고 정리하고자 했단다. 동시대에서는 에드가 드가(Edgar Degas)가 수잔의 회화를 높이 평가하고 격려했다. 나는 그녀의 작품을 많이 보지도 못했고, 또 평가할 수 있는 능력도 없다. 아무튼 수잔은 유수의 프랑스 예술원 회원으로 선정되는 등 초창기의 여성 화가로서, 또 가장 번성했던 시기에 몽마르트르의 분위기를 간직하고 전수한 예술가로서 프랑스 미술사에 뚜렷한 발자국을 남겼다.

나에게는 무명의 모델이었던 처지에서 불우한 환경을 극복하고 개성 있는 화가로 자라난 수잔의 성장 스토리가 아주 흥미롭다. 마치, 그림 속에 갇혀 있던 작은 소녀가 성인이 되자 그림 밖으로 또박또박 걸어 나와서 우리에게 자기 작품을 건네는 느낌이다.

무엇이 그녀에게 남다른 힘이 되었을까? 여러분은 르누아르 회화 〈부지발 무도회, Dance at Bougival〉에서 춤추는 수잔의 아름답고 상기된 얼굴과 반듯하고 주도적인 몸놀림을 보면서 미래에 대한, 아니 삶에 대한 그녀의 남다른 열정을 느끼는지요?

"참된 꿈이 있으면, 반드시 희망이 생기고 성공이 뒤따른다."

정준기

서울대학교 의과대학 명예교수

의학한림원 정회원

서울대학교병원 의학역사문화원장 역임

서울대학교병원 함춘문학회장 역임

수필집《젊은 히포크라테스를 위하여》등 6권

이메일 : jkchung@snu.ac.kr

황건

수필의 평가,
과학 논문의 평가

들어가며

'죽은 시인의 사회'에서 키팅 선생은 교과서가 제시한 '완벽성'과 '중요성'의 x-y 그래프를 비웃는다. 그 교과서는 시를 수학적으로 평가할 수 있다고 주장하지만, 키팅 선생은 그 교과서를 찢어버리며 그런 평가가 얼마나 공허한지를 강조한다. 나도 최근에 비슷한 감정을 느꼈다. 바로 의대생들의 수필을 평가하면서였다. 수필공모전 심사위원으로 참여한 나는 24편의 수필을 평가해야 했다. 그런데 그 과정에서 나는 문법이나 주제의 정확한 구현에만 집중하는 것이 글의 본질을 놓치는 일이라는 생각이 들었다.

같은 논리로 의학 논문을 평가할 때도 비슷한 감정을 느낀다. 과학 논문에서는 '새로움'과 '유용성'이 가장 중요한 평가 기준이다. 하지만 때때로 새로운 아이디어나 유용한 정보가 전달되는 것 외에도, 그 논문이 우리에게 어떤 감동이나 인사이트(insight)를 제공하는지에 대해서도 고민하게 된다. 문학인 수필과 과학 논문은 분명 다르지만, 평가의 본질은 결국 인간이 세운 기준이기에 그 본질을 놓치지 않도록 해야 한다는 생각을 갖게 되었다.

수필 문학의 평가

의대생들이 쓴 수필을 평가할 때, 나는 가장 먼저 소재의 참신성을 보았다. 과연 이 소재가 새로운가? 혹은 그 소재를 다루는 방식이 신선하고 진지한가? 글은 하나의 개인적인 경험을 담고 있으므로, 그 경험을 진심으로 풀어낼 수 있는 진정성이 가장 중요하다. 감동적인 수필이 되기 위해서는 그 안에서 인간 본연의 감정이 섬세하게 그려져야 한다. 나는 이런 감정을 고백하는 글에서 마음이 움직였다. 문법이나 문장 구성에서 완벽함을 찾기보다는 그 글이 내 안에 생동감을 불러일으키는 것이 중요했다.

하루는 한 학생이 할아버지의 죽음을 겪고 쓴 글을 읽었다. 그 글은 문법적으로 부족할지라도 할아버지와의 마지막 순간을 진지하게 그려내며, 자기 내면의 상실과 그것을 극복해 나가는 과정을 진심으로 묘사하고 있었다. 나는 그 글에서 문법을 넘어서는 어떤 진실을 느꼈다. 그런 글들이 문학성을 발휘하는 순간이다. 그 글은 나에게 단순한 감동을 넘어, 사람과 사람의 관계, 생명의 존엄에 대해 다시 한번 성찰할 기회를 주었다.

하지만 여기서 중요한 것은, 글이 단지 감동적인 이야기를 담고 있다고 해서 모두 좋은 수필이 되는 것은 아니라는 점이다. 그 감동은 주제의 적절한 구현과 밀접하게 연관되어야 한다. 수필은 감정의 나열에 그쳐서는 안 된다. 그 감정은 반드시 어떤 깨달음으로 이어져야 하며, 독자가 그 글을 읽고 난 후. 그 주제에 대해 새롭게 생각할 수 있어야 한다. 예를 들어, 의료 현장에서의 경험을 통해 인간 존엄성을 일깨우는 글들은 독자에게 깊은 울림을 준다. 그런 수필들이 진정성 있는 문학으로 다가온다.

과학 논문의 평가

과학 논문을 평가할 때는 새로움과 유용성을 가장 큰 기준으로 삼는다. 그런데 나는 과학 연구가 단순히 새로운 데이터를 제시하거나 기존의 연구를 보강하는 것에 그치지 않는다고 생각한다. 그 논문이 독자에게 무엇을 전달하는가도 중요하다. 과학은 결국 사람들에게 영향을 미쳐야 한다. 연구 결과는 사람들이 보다 나은 결정을 내리거나, 새로운 연구를 시작하게 하는 영감을 주어야 한다. 내가 과학 논문을 평가할 때는 그 논문이 독자에게 얼마나 실질적인 도움이 되는지, 그리고 그 정보가 얼마나 쉽게 이해될 수 있는지에 대해 자주 생각한다.

내가 평가한 한 논문은 새로운 치료법을 제시하면서도 매우 복잡한 데이터와 기술적 용어들로 가득 차 있었다. 그러나 그 논문은 기술적 세부 사항을 알기 쉽게 풀어내며, 임상적 응용 가능성을 강조하고 있었다. 나는 그 논문이 실제 임상에 적용될 수 있는 유용성을 높게 평가했다. 과학적 논문은 그 자체로 지식의 창출을 목적으로 하지만, 결국 독자가 그것을 활용할 수 있어야 진정한 가치가 있다. 그 가치가 독자에게 어떻게 전달될 수 있을지에 대한 고민은 과학 논문을 평가하는 중요한 기준이다.

수필 문학과 과학 논문의 공통점

문학적 수필과 과학적 논문은 한 가지 공통점을 가진다. 바로 진실성이다. 수필에서는 글쓴이의 진심이 드러나야 하고, 과학 논문에서는 연구자의 진지한 탐구가 반영되어야 한다. 두 글 모두 명확한 전달을 요구한다. 문학적 수필이든 과학적 논문이든, 독자는 글을 통해 새로운 깨달음을 얻고, 그로 인해 마음이 변화해야 한다.

수필 문학에서는 감동과 정서적 여운이 중요하다면, 과학적 논문에서는 데이터와 논리가 더 중요하다. 하지만 명확성과 진정성은 두 장르 모두에서 중요한 가치이다. 과학 논문은 그 자체로 정보를 전달하는 것에 가치를 두지만, 그 정보가 어떻게 독자의 삶에 대한 변화를 가져올 수 있을지에 대한 고민은 여전히 필요하다. 수필 또한 마찬가지로 독자에게 전달된 감동이 행동의 변화를 이끌어낼 수 있도록 해야 한다.

나가며

평가라는 일은 항상 기준을 세우고 그 기준에 따라 점수를 매기는 일이다. 하지만 그 기준이 어떤 것이든, 우리는 그 속에 담긴 본질적인 가치를 놓치지 않도록 해야 한다. 수필 문학을 평가할 때는 그 글이 진정성 있게 주제를 구현하고 감동을 전달하는지에 중점을 두고, 과학 논문을 평가할 때는 새로움과 유용성을 중심으로 평가한다. 그럼에도 불구하고, 둘 모두 결국 독자에게 새로운 관점을 제시하고, 변화를 이끌어 낼 수 있어야 한다. 내가 경험한 두 가지 평가 작업은 결국 인간성과 지식이 어떻게 상호작용할 수 있는지에 대한 깊은 성찰을 요구하는 일이었음을 깨달았다.

황 건

현) 국군수도병원 성형외과, 한국의사수필가협회 부회장

서울의대를 졸업하고 인하의대에서 33년간 근무한 뒤 정년 퇴임. 2018 과학기술훈장 진보장 수훈

2004년 〈창작수필〉로 수필 등단, 2005년 〈시와 시학〉으로 시 등단

수필집 《거인의 어깨에 올라서서》 《시인과 검객》 《나를 찾아서》 《황건 잡설》

이메일 : jokerhg@naver.com

신종찬

쉬나무 등불과
우리의 유학(留學) 역사

꽃 귀한 여름이다. 두물머리 천변에 흐드러지게 꽃이 핀 쉬나무들이 가로수처럼 늘어서 있다는 소문을 들었다. 쉬나무를 찾아 나섰다. 처서를 지났다지만 늦더위는 매미들 합창을 앞세우고 물러갈 줄 모른다. 수건으로 연신 이마의 땀을 훔친다. 양재천과 탄천이 만나는 두물머리에서 수서역으로 오며 꼼꼼히 살폈으나 쉬나무는 한 그루도 안 보인다. 소문과는 다르다.

실망하여 집으로 돌아오다가, 광평대군(廣平大君) 후손들의 세거지(世居地)인 수서동 '궁 마을' 옛길에 이르렀다. 이게 웬일인가. 벌통들이 여럿 놓인 언덕에 허연 꽃 타래가 풍성하다. 우리 집 근처에 쉬나무들이 이렇게 많다니 놀랍다. 세상일이란 늘 소문대로, 노력한 대로 되는 것은 아니다.

한여름에 피는 꽃나무로는 쉬나무, 능소화, 배롱나무가 대표적이다. 쉬나무는 한반도 전역에 자라는 흔한 나무다. 쉬나무는 영어로 'bee tree'로 불릴 만큼 꿀이 아주 많다. 요즘 쉬나무는 밀원(蜜源)으로만 사람들의 관심을 끌고 있다. 전기가 들어오기 전에 글 읽을 때 켜는 등불로는, 쉬나무 열매 기름 등불을 최고로 쳤다. 쉬나무는 운향과라 열매 기름에서 귤 향기가 났으며, 이 기름 등불은 아주 밝은 데다 그을음도 적었다. 서울 한복판 남산 봉수대 주변에도 쉬나무가 많이 자라는데 '남산 위의 저 쉬나무'라는 말까지 있다. 봉홧불 밝히려고 쉬나무를 많이 심었다고 한다.

'궁 마을'에 쉬나무가 많은 이유도 광평대군 후손들이 글 읽을 등불용으로 쓸 쉬나무 기름을 많이 얻기 위해서가 아니었을까. 궁중에서도 쉬나무 기름으로 등불을 밝혔다고 한다. 그래서인지 지금도 경복궁 향원정 가까이에 커다란 쉬나무가 자라고 있다. 예전 선비들이나 자식을 공부시키고 싶은 부모들은 불 밝히는 데 요긴했던 쉬나무 씨를 이사 갈 때도 꼭 챙겼다고 한다.

신라말 고운(孤雲) 최치원(崔致遠, 857~?) 선생의 한시 중에 등불에 대한 시가 있다. '가을바람 괴롭게 우는데(秋風喻苦吟 추풍유고음), 세상이 날 몰라주는구나(世路少知音 세로소지음), 깊은 밤, 창밖에 비 내리고 (窓外三更雨 창외삼경우), 등불 앞에서 마음은 만 리를 달리네(燈前萬里心 등전만리심)'라는 작품이다. 머나먼 타국에서 어려운 처지에 놓인 시인의 외로움이 잘 형상화되어 있다. 당나라 유학 중 고운(孤雲) 선생이 이역만리 하숙방에서 가을비 내리는 밤에 쓴 시라고 전한다.

시인은 열두 살에 유학을 떠났다. 힘을 다해 공부하여 약관 열여덟 살에 장원급제했지만, 등용이 안 되었으니 머나먼 고향 신라가 무척 그리웠을 터이다. 우리나라의 교육열은 예부터 유별났다. 요즘도 외국 유학을 많이 가지만, 신라시대에 벌써 적지 않은 젊은이들이 당시 가장 선진국이었던 당나라로 유학을 떠났다. 당나라의 외국인을 위한 과거인 빈공과(賓貢科)에서는, 주로 신라인들이 장원을 차지하였다. 그런데 어느 해는 발해 젊은이가 장원을 하였고, 발해의 왕자 대봉예(大封裔)가 당 조정에서 찾아와 외신 서열을 신라보다 높게 해달라고 요청을 한 일이 있었다. 이에 고운 선생을 비롯한 신라인들이 강력하게 항의했다는 기록이 있다.

문헌으로 남은 우리나라 최초의 개인 문집은 고운 선생의 시문집(詩文集)인 《계원필경》이다. 고운 선생은 당나라의 고위 관리 고변(高駢)의 휘하에 4년여 동안 종군하였다. 이때 1만여 편의 시문을 지었는데, 신라에 돌아와 당시 시문을 선별하여 20권으로 편찬하였다. 여기서 문(文)은 현대의 문학 분류 기준으로 보면 수필이라 할 수 있다. 이 문집에 반란군 수괴 황소(黃巢)가 격문을 읽고 놀라서 말에서 떨어졌다는, 그 유명한 〈토황소격문(討黃巢檄文)〉도 실려 있다. 고운 선생은 고국에 돌아와 선진문물을 전하고 신라조정에서 큰 역할을 하였다. 젊은 인재들이 유학 후 출세하는 과정은 오늘날에도 이와 별반 다르지 않다.

과거제도는 수(隋) 양제 때 시작되어 당나라 때 본격 시행되었다. 중국에서도 과거시험을 위한 공부가 치열하였다. 당나라 때 인재 교육에 대한 유명한 글이 있다. 인재교육이 나무를 잘 키우는 것과 같다는 수필 형식의 유종원(柳宗元, 773~819)의 글 〈종수곽탁타전(種樹郭橐駝傳)〉이다. 유종원은 당송(唐宋) 8 대가(大家)의 한 사람이다. 그는 한유(韓愈)와 함께 고문운동(古文運動)을 주도하였다. 이들은 주로 고전을 답습하는 종전의 문체에서 벗어나야 한다고 새로운 문장 운동을 폈다. 특히 유종원은 우언(寓言) 형식을 취한 풍자문과 산수(山水)를 묘사한 기문(記文)을 잘 지었다. 그런 문장 중에서 빼어난 수필 작품의 하나인 〈종수곽탁타전(種樹郭橐駝傳)〉의 내용을 간추려 소개한다.

곽탁타는 척추병을 앓아 등이 불룩 솟아, 늘 허리를 구부리고 다녔다. 그 모습이 낙타와 닮아 탁타(橐駝)라고 별명을 붙였는데, 그는 "매우 좋다."며 스스로 '탁타'라 하였다. 그의 직업은 나무를 심거나 돌보는 정원사였는데, 나무를 키워 감상하려는 이들이나 과일 농사꾼들에게 아주 인기가 높았다. 그가 심거나 옮겨서 살지 못하는 나무가 없었고, 잘 자랐으며 열매도 풍성하였다.

어느 날 고위 관리가 곽탁타에게 그 비법을 물으니 "나는 그저 나무의 천성에 따라 그 본성을 다하게 하는 것뿐입니다. 심은 나무가 뿌리를 잘 뻗게 북돋아 주며, 흙을 살던 곳처럼 해줍니다. 그 뒤에는 건드리지도 말고 더 이상 돌아보지 않아야 합니다. 심을 때에는 자식같이 하고, 버려둘 때는 아주 버린 듯이 하면 그 천성대로 자랍니다. 나무가 자라는 것을 해치지 않을 뿐이지, 크고 무성하게 할 수 있는 게 아닙니다. 또한 열매 맺는 것을 방해하지 않을 뿐입니다."라고 했다.

곽탁타는 관청에서 간섭하지 않는 게 농부들이 농사를 잘 짓도록 돕는 거라 했다. 이에 그 고위 관리는 기뻐하며 "훌륭하도다. 나무 기르는 것을 물었을 뿐인데, 사람을 기르는 법을 배웠도다. 이를 전하여 관청의 경계로 삼으려 한다."라고 하였다.

예나 지금이나 부모에게는 자식 교육이 영원한 숙제다. 특히 우리나라는 더욱 그렇다. 신라나 발해가 당나라 과거시험에서 경쟁했던 일처럼, 고려 때에도 많은 젊은이가 송나라나 원나라로 유학길에 올랐다. 이런 경향은 조선 초기까지 계속되었으며, 명나라에서 빈공과를 폐지하자 중단되었다고 한다. 고려 광종 때 쌍기(雙冀)에 의해 과거제도가 도입된 이후 지금까지 우리나라는, 세계에서 과거제도가 가장 오래 남아있는 나라라고 한다. 서울이나 지방이나 집값을 좌우하는 가장 큰 요인은 학원이나 학군과 같은 교육 여건이라 한다.

신라나 발해 때부터 지금까지 외국 유학을 꿈꾸었던 이유는 자녀를 더 나은 교육환경에서 공부시키려 함이었다. 교육 문제를 해결하기 위한 노력은 고려, 조선, 대한민국 정부의 큰 과제였다. 고려 때에도 12개의 사학(私學)이 유행하였으며, 그중 개경 자하동에 최충(崔冲)이 설립한 문헌공도(文憲公徒) 근처가 가장 인기 있는 학군이었다. 고려의 대문호 이규보(李奎報)도 문헌공도 출신이었다. 조선시대 다산(茶山)선생도 공부 때문에 후손들에게 절대 서울을 떠나지 말 것이며, 할 수 없으면 서울 백 리 이내에 살라는 유언을 남겼다. 최고의 교육 입지에서 멀어지지 말라는 뜻일 성싶다.

맹모삼천지교(孟母三遷之教)라는 말도 있지만, 수필 〈종수곽탁타전〉에 있는 대로 "심을 때에는 자식같이 하고, 버려둘 때는 아주 버린 듯이 하면 그 천성대로 됩니다. 나무가 자라는 것을 해치지 않을 뿐이지, 크고 무성하게 할 수 있는 게 아니며, 열매 맺기를 방해하지 않을 뿐입니다."하는 말은 현대 교육학에서도 불변의 진리라고 한다. J. J. 루소의 '아이의 잠재력을 능가하는 교육법은 없다.'라는 말과 상통한다.

그러나 현실적으로 이런 주장에 따라 기다리며, 자식을 필요 이상으로 간섭하지 않을 부모가 과연 얼마나 될까? 유학을 보낸다고 꼭 훌륭한 결과를 기대할 수는 없을 성싶다. 소문대로 탄천 변에 갔으나, 거기에선 쉬나무를 발견하지 못하고 우연히 '궁 마을'에서 발견하였다. 이처럼 자식 교육을 포함한 세상만사는 억지로 되는 게 아니고, 본래 타고난 바를 북돋아 주고 기다려야 하는 게 아닐까?

신종찬(辛宗燦)

의학박사, 수필가, 시인, 소아청소년과전문의

한국 의학도 수필공모전 조직위원장 7회 역임(2011~2017)

현) 한국의사수필가협회 감사

현) MD저널 수필 연재(2020~현재)

현) 〈문화앤피플〉 기획연재

수필집 : 《서울의 시골 의사》(2012) 《안동 까치구멍집으로 가는 길》(2015) 《보건의료인의 글쓰기 틀》(2017) 《나무들과 손잡고 인문학》(2023)

시집 : 《댑싸리비》(예술가, 2023) 《저녁밥 짓는 냄새》 (문화앤피플, 2025)

이메일 : asjc74dr@naver.com

김화숙

옥탑방
화실 풍경

도심 한복판 5층 건물 옥탑에는 작은 분재들이 숨을 쉬고 다양한 꽃들이 피어나고 있다. 여러 형상의 수석들과 어우러져 자연 속의 한 장면을 그림 같이 연출한다. 한쪽 구석 수반 위에 놓인 수석의 골 사이로 '졸졸' 물소리를 내며 작은 개울 풍경을 연상케 한다. 빛바랜 시멘트벽에는 미완성 작품들이 회원들을 기다리며 붙어 있는가 하면 온몸으로 열정을 불어넣은 교수님의 퍼포먼스가 유독 눈에 들어온다.

옥탑방 안에는 따스한 온기가 흐른다. 다섯 개의 이젤이 세워져 있어 화실임을 확인해 준다. 사방의 벽에는 수채화, 아크릴화, 파스

텔화, 유화 등 교육용 그림으로 도배되어 있다. 눈을 크게 뜨고 자세히 둘러보면 박물관인지, 수석 전시장인지, 만물상인지 아리송하다. 구석구석에 놓인 오밀조밀한 물건들은 제자리에 질서정연하게 진열되어 감탄을 자아낸다.

햇살이 내리쬐는 창가에는 달개비 화분이 놓여 있다. 한쪽 팔은 위로 다른 쪽 팔은 아래로 원을 그리며 벽을 타고 뻗어 있다. 핑크와 그린이 조화를 이루는 잎새 끝에는 새빨간 망울이 달린 달개비꽃이 피어 있다. '외로운 추억, 짧은 즐거움'이란 꽃말처럼 아주 진귀하게 피어나며 수명이 짧은 꽃이란다. 너무나 아름다워 한 폭의 그림으로 옮겨 심어볼까 한다.

화실 안의 따뜻한 분위기 속에서 치유되어 가는 인생들이 나를 감동하게 하고 있다. 한편으로 내가 본 그들의 일부 모습은 화가로 가는 길목의 나그네로 대단한 잠재력이 있다고 생각된다.

20대 초반의 한 청년이 말없이 우직하게 붓칠을 한다. 그는 추상적이며 단순한 색감으로, 혼자만의 상상 속 이미지를 펼쳐 보인다. 자신이 생각하고 느끼는 예수님의 형상을 그려내고 있다. 그의 작품은 사진으로 흔히 보는 예수님이 아닌, 어디서도 본 적 없는 독특한 예수님이다.

공황장애가 있는 이 청년은 대화도 하지 않고, 방에서 나오지도 않는 우울한 일상을 보내던 무기력한 청년이었다. 부모는 너무나 답

답한 나머지 이 청년을 데리고 화실에 찾아와 그림 그리기가 가능할지 상담하였다고 한다. 그림 그리러 다니며 시간이 지나자, 화실의 누나들과 대화도 나누고 아버지가 경영하는 가게에서 일도 도와준다고 한다. 자식이 그림을 그리면서 정상적으로 일상생활을 할 수 있으니 감동한 부모가 그림 그리기 지원은 꼭 해 준다고 한다. 그는 자신이 감당할 수 없는 우울과 불안한 감정을 그림으로 풀어나가며 스트레스를 승화시키고 그 감정이 작품으로 완성되고 있다.

덩치 큰 30대 남자는 머리가 길고 팔에는 문신으로 뒤덮여 무늬 옷을 입었는지 구별이 되지 않았다. 해바라기를 그리는 그의 모습은 예술가인지, 아니면 불량배인지 궁금하지만 두려워 접근할 수가 없었다. 교수님은 그가 세 번 이혼으로, 자녀가 세 명이며 혼자서 뒷바라지하느라 고생이 많다고 한다.

어느 날 화실에서 다시 그를 보았을 때 딴사람인 줄 알았다. 머리는 단정하게 자르고 밝은 표정으로 헬멧을 쓴 그는 배달원의 모습이었다. 그림은 그리고 싶은데 수업료를 낼 수가 없어 밀리기 시작했단다. 교수님은 수입이 생기고 형편이 되면 조금씩 내라고 했다며 다른 방법을 찾아보는 중이라고 한다. 공짜로 그림을 그리게 할 수는 없어서 화실에 문제가 생기면 불러서 해결하도록 했다. 고장난 전등 교체, 변기 수리 등 화실의 문제점을 해결하는 해결사, 맥가이버로 변신했다. 화분이 깨지면 접착시켜 감쪽같이 새것으로 만들어

놓는 그에게 회원들도 손을 내민다. 액자 배달, 음식 배달도 일부러 그에게 시킨다. 그는 어떤 일도 마다하지 않고 씩씩하게 해나가며 그림을 그린다. 비록 수입이 적어도 열심히 일하면서 그림으로 자기의 애환을 승화시키고 있다.

또 다른 40대 여성은 남편이 딸 둘을 남기고 이혼하고 사라졌단다. 아름다운 외모와 타고난 끼가 그녀의 시선을 예술 쪽으로 이끌었다. 이를 악물고 생활전선에 뛰어든 그녀는 판소리로 스트레스를 풀고 그림으로 마음을 가다듬었다. 처음 지인의 도움으로 탁자 10개를 갖다 놓고 가게를 열어 생계를 이어 나갔단다. 열심히 노력한 결과 주막집과 노래방 사장이 되었단다. 그녀는 두 딸을 잘 키우기 위해 최선을 다해 사업을 키워나갔다. 이제는 자리를 잡아 안정된 환경에서 그림을 그린단다. 붓놀림이 시원시원한 그녀는 큰 캔버스에 겁 없이 붓을 들이댄다. 어려웠던 일상을 뒤로하고 그림을 그리는 그녀의 모습이 무척 행복해 보인다.

인생의 허전함을 달래고, 악조건 속에서도 그림이라는 공통분모는 마음속 깊은 상처를 치유해 주고 삶의 의욕을 일깨워 주는 도구이다. 우리 의료인이 치료할 수 있는 영역과는 다른 차원에서 영혼을 치유하고 있다. 처음엔 의사인 나를 이방인으로 여기고, 어울릴 수 없는 존재로 생각하던 옥탑방 회원들은 이제 인생을 논할 수 있

고 질병에 대해 상담할 수 있는 동료이며 친근한 의사로 대해주고
있다.

옥탑방에서, 상처받은 분들을 만나며 한분 한분 사연을 들어보면
구구절절 인생의 쓴맛이 느껴진다. 캔버스 앞에서 단순히 붓만 놀리
기보다 이 사회 속 만 가지 인생사에 대해 느끼고 배우고 있다. 그렇
게 그림을 그리며 마음속에 영혼을 불어넣을 수 있는 창의적인 작품
이 나오길 기대한다.

김화숙

김화내과 명예원장, 의학박사, 혈액종양내과 전문의

27대 한국여자의사회 회장, 대한의사협회고문

한국의사수필가 협회 자문위원

한국의사미술회 회원

한국 창작문화예술대전 은상, 국제문화미술대전 동상, 한국
문화미술대전 동상 수상

한국 예술문화단체총연합회 회장상(올해의 아티스상, 2025)

37대 보령의료봉사상 대상 수상(보건의약단체 사회공헌협
의회)

9대 자랑스런 의인 박에스더상 수상

2012년 〈한국 산문〉 신인상 등단

2019년 수필집 《나의열정 나의소망》

2025년 김화숙 작품 개인전 〈빛과 색의 맥박〉

이메일 : kimhwamed@hanmail.net

안혜선

웅진백제(熊津百濟) 유적답사
(무령왕릉-공산성-마곡사)

이른 봄 기운이 느껴지는 2월 19일 우수, 캐나다에서 오랜만에 놀러 온 조카의 생일 기념으로 찬란했던 백제 문화의 자취를 따라 충청남도 공주로 당일치기 가족 여행을 다녀왔다. 공주는 백제의 두 번째 수도로서 당시 이름은 웅진(熊津), 곰나루였다. 우선 곰나루터에 들러 웅신당안의 탐스러운 돌곰 복제품을 감상한 후, 국립공주박물관(國立公主博物館)으로 향했다. 환하고 깨끗한 로비로 관람객을 맞이하는 박물관 1층은 무령왕릉(武寧王陵)에서 발굴된 유물이, 2층은 공주 및 충남 일원에서 출토된 토기, 생활용품, 불상 등이 전시되어 있었다.

일제강점기인 1927년, 일본인 고물상의 아들로 공주고등보통학교 역사 교사이자 아마추어 고고학자인 카루베 지온은 자기가 마구 파헤친 송산리 제6호분이 이제까지 우리나라에서 발견된 유일한 벽돌무덤에 사신도까지 그려져 있어 백제 왕릉이라 확신하였다. 바로 뒤에 위치한 무령왕릉은 제5, 6호분을 위한 인공 주산의 언덕쯤으로 오판하여 발굴을 포기하였기에 화를 면할 수 있었다고 한다. 여기에서 출토된 유물을 고스란히 챙기고 무덤 바닥을 빗자루로 말끔히 치운 다음 총독부에는 이미 도굴된 것이라 신고하였는데, 아마 무령왕의 아들인 성왕의 무덤으로 추측만 되고 있을 뿐이다. 이 6호분이야말로 임자를 잘못 만나 돌이킬 수 없는 상처를 받은 셈이다. 도굴되는 과정에서 천정이 훼손되어 큰 비만 오면 무덤 안으로 물이 스며 1971년 여름에 장마를 앞두고 배수로 공사를 하던 중, 작업 인부의 삽이 무령왕릉 입구의 벽돌 모서리에 부딪쳐 1500년 만에 세상에 알려지는 계기가 되었다.

제6호분에 이어 전축분(塼築墳)인 무령왕릉 이름이 전파를 타자 삽시간에 몰려든 구경꾼과 신문기자들로 무덤 주위가 혼잡해지자, 48시간 내에 발굴을 마쳤다고 한다. 연일 언론사들의 취재 경쟁으로 급기야 박정희 대통령까지 유물에 관심을 보여 당시 국립중앙박물관장인 삼불 김원룡(三佛 金元龍) 박사가 출토된 금제 장신구들을 들고 청와대까지 찾아갔단다. 해방과 6.25, 군사혁명으로 이어지며 문화적 성숙이 안 되었던 시기였기에 고고학 발굴의 ABC를 따를 수 없었던 그때의 상황을 이해해야 할 것 같다.

연꽃무늬 벽돌을 아치 모양으로 쌓은 왕릉 입구로 들어서니 왕과 왕비의 묘지석이 전시되어 있었는데, 이 묘지석이야말로 중국이 아닌 확실한 우리나라 왕의 무덤임을 입증하는 백제 역사의 중요한 고고학적 증거 자료이다. 매지권(買地權)도 눈길을 끌었는데, 생전에 지하의 토지신께 돈을 지불하고 무덤터를 샀다는 내용이란다. 이를 위하여 증서를 작성하여 이 묘역에 관한 한 모든 율령에 구속되지 않는다는 것을 증명케 했는데, 인간이 죽으면 지(地), 수(水), 화(火), 풍(風)으로 돌아간다는 자연에 대한 겸허한 자세를 지켰던 당시 사람들의 마음을 엿보게 한다. 현재 땅 위에서는 제일이지만 땅속의 주인에게만은 몸을 낮추는 왕의 면모가 느껴진다.

이마에 뿔을 단 진묘수(鎭墓獸) 뒤에 안치된 왕과 왕비의 목관을 전자현미경으로 조사하니 일본 나라 지역의 귀한 금송으로 당시 백제 왕의 권위를 짐작할 수 있게 했다. 중국의 청동 거울, 동제 다리미 등은 실시간으로 왕성한 교역활동을 보여주는 예이다. 무덤의 중간중간 산소를 제거해 내부의 부식을 방지하기 위한 과학적 장치인 등잔을 올려놓았던 공간도 아름다웠다.

이어 공산성(公山城) 산책을 하였는데, 공북루(拱北樓)에서 금강을 바라본 후 쌍수정(雙樹亭)으로 내려갔다. 인조가 이괄의 난을 피해 이곳 공산성에 머물다가 평정되었다는 소식을 듣고 두 그루 나무에게 벼슬을 내려준 곳이라는데 현재 나무는 죽어서 없고 마루가 없는 독특한 정자만 복원되어 있으며, 쌍수정 맞은 편의 왕궁터로 추정되는 곳도 주춧돌만 남아 있어 백제왕실의 자취를 어렴풋이나마 상상할 수 있었다. 또 이 열흘 동안의 피난 생활 중에 임씨댁에서 맛있는 찰떡을 진상하여 인조가 '절미(絶味)의 떡을 임서방이 만들었다'하여 친히 떡 이름을 '임절미'라 지어 내렸고, 나중에 인절미로 바뀌었다는 공주떡의 유래도 알았다.

공주는 맛있는 밤으로도 유명해 밤 요리 전문점에서 밤 두부로 만든 두부전골, 밤 가루를 섞은 해물파전, 밤 조림, 밤 막걸리 등으로 평소와는 다른 점심식사를 하였다. 음식 모두 맛깔스럽거나 강렬함 없이 재료 그대로의 담백하고 슴슴한 맛, 충청도다운 맛이었다. 요즘 식당은 젓갈이며 양념을 많이 사용해 음식의 색깔부터 맛까지 진하게 느껴지는데 반해 은은하게 입에 감치는 깊은 맛이 기억에 남는다.

백제 문화를 '검이불루 화이불치(儉而不陋 華而不侈)' 즉 검소하지만 누추하지 않고, 화려하지만 사치스럽지 않다고 표현했다는 김부식(金富軾)의 말을 떠올리며 마곡사(麻谷寺)로 떠났다. 맑은 태화천을 내려다보며 극락교를 건너니 태화산은 이미 봄볕에 생기가 움트고 있었다. 천년고찰 마곡사 마당에 들어서니 서쪽에서 동쪽을 보고 계신

비로자나불이 봉안된 대광보전(大光寶殿)과 석가모니불이 모셔진 대웅보전(大雄寶殿) 건물이 멋진 조화를 이루고 있었는데, '춘마곡 추갑사(春麻谷 秋甲寺)'란 별칭에 걸맞게 4월에 마곡사에서 축제가 열린다니 그때 제대로 구경하고 싶다.

고대 동아시아 문명 교류사에서 빛과 같은 존재였던 63년간의 웅진시대, 백제를 뒤로 하며 작년 10월 부여(扶餘)에 이어 이번에 공주를 보았으니 가을에는 몽촌토성(夢村土城)을 구경했으면 싶다. 실제는 한성(漢城)에서 웅진(熊津), 웅진에서 사비(泗沘)로 천도를 했는데, 그럼 나는 고대 왕국 백제 문화의 역사를 거꾸로 회상하는 의미의 시간여행을 떠나는 셈이다.

안혜선

삼성서울병원 병리과 진료교수

이화의대 졸업. 의학박사

한국의사수필가협회 총무이사

2013 〈한국산문〉으로 등단

제37대 보령의료봉사상 대상 수상(보건의약단체사회공헌협의회 단체)

이메일 : ahspath@hanmail.net

2025 한국의사수필가협회 공동수필 제 17집

사랑은 앞으로 나아간다

좋은 관계

김애양

제때 잘 거절했어야 했는데

-루이스 마르틴 산토스 《침묵의 시간》을 읽고-

직업이 의사라고 하면 주변에 도움을 청하는 사람들이 생긴다. 꼭 진료실이 아니어도 병에 대해 자문을 구하는 이웃도 있고, 다급하게 처방전을 써달라는 친지도 있고, 비행기에서 환자가 발생했다고 의사를 찾는 방송도 듣게 된다. 좋은 의사라면 물불을 가리지 않고 아픈 이를 도와주어야 한다고 생각하지만 그런 도움이 더러는 해가 되는 사례를 보게 되었다. 스페인의 의사 출신 작가 루이스 마르틴 산토스의 소설 《침묵의 시간》에 나오는 젊은 의사 페드로에게 생긴 일이다.

페드로는 진료보다 연구에 관심이 많다. 미국에서 들여온 흰쥐를 가지고 림프종이 생기는 기전을 연구하고 있다. 그런데 연구실의 추위를 견디지 못한 흰쥐들이 죽어버리자 구하고자 조수를 따라 판자촌으로 간다. 소설의 배경은 1962년, 스페인의 수도 마드리드로서 당시 프랑코 독재 체제하에서 먹을 것이 없어 쓰레기통을 뒤지는 빈민들이 살고 있다. 페드로는 연구실의 쥐를 몰래 훔쳐다 번식시키는 무에카스의 집으로 간다. 아내와 두 딸과 함께 거적때기로 둘러싼 집에서 그는 개를 훔치거나 쥐를 키우며 어렵게 생계를 이어가고 있다. 18살 된 그의 큰딸 플로라가 페드로에게 쥐를 번식시키는 과정을 설명해준다. 작은 주머니를 목에다 차고 거기에 쥐를 넣어 품속에서 덥히고 또 온 가족이 한 침대에서 자면서 인체의 체온을 배양에 활용한다는 것이다. 페드로는 극도로 열악한 주거환경과 어린 딸들이 쥐를 배양하고 수정시키는 일에 관여하는 모습에 몹시 경악한다. 이때 무에카스 집 앞에는 페드로를 노려보며 주머니칼을 만지작거리는 인물이 있다. 부랑자 까르투초인데 살인을 저지른 경력이 있으며 플로라를 좋아하기 때문에 젊은 의사가 방문한 것이 여간 못마땅한 게 아니다.

이날 오후 페드로는 친구와 술을 진탕 마시고 얼떨결에 사창가까지 구경하고 통금시간이 지나 집으로 돌아온다. 하숙집 주인 할머니는 페드로를 손녀 도리타의 신랑감으로 점찍고 있던 터라, 바로 이날 취한 페드로는 도리타의 침실로 들어간다. 그렇게 도리타와 미래를 기약한 후 곤히 잠에 빠진 페드로를 이른 아침 다급하게 깨우는 이가 있다. 바로 쥐를 번식시키는 무에카스가 찾아와 딸이 죽어가고 있다고 난리를 친다. 플로라가 임신하여 엉터리 주술사를 데려다 낙태 시술을 시켰지만, 태아는 나오지 않고 엄청난 하혈을 하고 있다는 것이다. 일요일이라 늦잠을 자던 페드로는 숙취가 가시지 않은 상태에서 대절한 택시를 타고 환자에게 간다. 사실 연구만 하던 페드로는 의사협회에 가입하지 않았으므로 진료가 합법적으로 허용된 상황도 아니었다. 그러나 누군가 죽어간다고 하니 본능적으로 소매를 걷어붙이고 시술을 시작한다. 의료 장비도 동물실험에 쓰던 도구들을 조수가 급히 가져온 것이다. 하지만 과도한 출혈로 플로라의 맥박은 사그라들다 마침내 숨을 거둔다. 실패를 자각한 페드로는 왜 환자를 응급실로 보내지 않고 무모하게 수술을 했는지 회한에 차서 집으로 돌아간다. 더욱이 플로라를 임신시킨 사람이 바로 친부 무에카스란 사실에 진저리를 치고 만다.

다시 페드로의 친구가 찾아와 자신의 집으로 데려간다. 하지만 곧 하숙집 손녀 도리타가 쫓아와 경찰이 하숙집을 다녀갔다는 사실을 알려준다. 겁에 질린 페드로와 친구는 무조건 숨어야겠다는 생각에 사창가로 간다. 포주는 페드로를 잘 숨겨주었지만, 플로라의 죽음을 그의 과실로 여긴 부랑자 카르투초가 경찰에 밀고했으므로 페드로는 곧장 구치소로 끌려간다. 경찰은 왜 스페인에서 법적으로 허용되지 않은 낙태 시술을 했는지, 왜 사망신고를 하지 않고 줄행랑을 쳤는지, 그것도 왜 하필이면 사창가로 숨어들었는지 등등을 추궁한다.
구치소에서 페드로는 땅을 치고 후회하지만 소용이 없다.

내가 왜 갔을까?
생각하지 말자.
취했었어, 나는⋯⋯
생각하지 말자. 생각하지 말자. 벽이나 보며 시간을 보내자⋯⋯.
생각이 무슨 소용인가, 생각한다고 해결되는 것이 아닌데⋯⋯.
머저리!

페드로는 구치소에서 오랜 번민의 시간을 보낸다. 친구가 변호사
를 구했지만 그리 협조적이지 않다. 많은 이들이 페드로가 플로라를
임신시켰고 그러기에 직접 낙태 시술을 한 것이라 단정 짓고 있다.
요행이 플로라의 어머니가 딸은 이미 의사가 오기 전에 죽은 것이라
고 경찰에게 진술한 덕에 페드로는 풀려나게 된다. 다음날 연구실에
출근하자 노발대발한 과장은 페드로를 단칼에 해고한다. 페드로는
동물실험을 통해 암을 일으키는 원인이 유전적 요소인지 환경적 요
소인지 밝히고 싶었지만, 그간 성과도 미미했기에 해고된 것이 잘된
일이라 스스로 위로한다. 그리고 도리타와 함께 축제에 놀러 나간
다. 하지만 플로라의 죽음에 앙심을 품은 부랑아 카르투초가 도리타
에게 다가와 사정없이 칼로 옆구리를 찌른다. 자신이 사랑했던 플로

라를 잃은 것처럼 페드로도 상실감을 느껴보라는 것이다. 이렇게 하루아침에 직장도, 결혼할 사람도 다 잃고 처절한 실패를 맛본 페드로는 마드리드를 떠나는 기차역으로 향하며 이야기가 끝난다.

작가 루이스 마르틴 산토스는 살라망카 의과대학을 졸업하고 응급실에서 경력을 쌓은 후 정신과를 전공한 전문의이다. 프랑코 정부 체제에 저항하다 세 차례 투옥된 이력이 있기에 사회의 어두운 이면을 접할 수 있었다고 한다. 작가는 스페인이 과학기술의 낙후로 인해 실험실도 제대로 운영되지 않는 점이나 마드리드 근교에 극빈자들이 사는 참혹한 현실이라든가 근친상간이 일어나고 주술사가 낙태 시술을 하는 등의 당시 부도덕성과 무지함, 또한 주머니칼을 품고 아무 때나 살인을 저지르는 부랑아가 활보하는 우범지대의 실상 그리고 사창가의 실태 등등을 고발하고 싶었을 것이다. 그 황폐한 현실 가운데 있던 의사 페드로는 도와달라는 애원에 이끌려 낙태 수술 현장에 도달했다가 결국 환자 사망의 책임을 뒤집어쓰고 감옥에 가는 일을 겪는다.

요즘처럼 의사 윤리에 대해 교육받는 기회가 있다면 첫째, 페드로는 무에카스의 왕진 요청을 단호하게 거절했을 것이다. 둘째, 설령 거절하지 못해서 플로라의 사망을 목도하게 된다면 응당 경찰에 신고했을 것이다. 올바르게 처신하지 못한 페드로 때문에 엉뚱하게 도리타가 목숨을 잃는 파국을 보면서 생명이 위급한 상황에서는 본능적으로 소매를 걷어붙이게 되는 의사의 반응이 때로는 자제를 요하는 일이란 생각을 하게 만든다.

이 작품을 읽은 후에 평소에 거절하는 것을 극도로 싫어하던 나는 거울을 보고 "안됩니다. 안돼!" 하는 말을 여러 차례 연습해 보았다. 생각보다 어렵지 않았다.

김애양

산부인과 전문의, 의학박사, 스페인어 번역가
미래여성의원 진료원장
1998년 〈책과 인생〉으로 등단
제4회 남촌문학상, 제 39회 한국수필문학상 수상
저서 : 수필집 《초대》《위로》《의사로 산다는 것》
《명작 속에 아픈 사람들》《고통의 자가 발전소》 외
스페인어 번역서 《십자가 벌판》《불꽃 심장 앙헬리나》《열정》
이메일 : enigma888@naver.com

정명희

좋은
관계

시원한 바람이 창으로 들어온다. 오랜만에 내린 비가 대지를 달군 열기를 데려갔나 보다. 검은 먹구름을 따라 한차례 소나기가 쏟아지고 난 하늘은 원래의 색을 되찾은 듯 산뜻하게 맑고 밝은 푸른 빛이다. 마음은 흰 구름처럼 두둥실 떠오르고 발길은 콧노래와 함께 텃밭으로 향한다. 텃밭의 아이들은 비에 젖어 어떤 표정을 짓고 있을까. 못내 궁금하여 신발도 제대로 끼우지 못했는데도 마음은 벌써 그쪽으로 향한다.

얻어다 심은 목화는 벌써 한 뼘이나 자랐다. 비 한 방울 내리지 않던 뜨거운 여름날을 그 어린 것들이 어찌 견뎌 냈을까. 주말이 되어도 바쁜 일이 생기면 들르지 못하는 시골이라, 얻어다 심기는 했지만 그들의 생사가 내내 걱정되었다. 목화꽃을 제일 좋아한다는 한 아이 엄마가 가져다준 목화 모종, 그녀는 티끌 하나 없는 연한 아이보리색 옷을 입고 목화 모종을 손에 들고 하염없이 웃고 서 있었다. 고마워서 가져왔다는 그녀의 모습이 참 순수해 보여서 거절하지 못하고 두 손을 마주 잡고 웃어 주었다. 목화가 잘 자라나면 어디선가 그녀의 아이들도 사랑스럽고 포근하게 잘 자라나겠지 하는 마음으로.

한국어가 서툰 아이의 엄마는 정말이지 뭐든지 스스로 하면서 하나하나 배워 나갔다. 아이가 성조숙증으로 치료받게 되었을 때, 그녀는 목화솜 같은 부드러운 목소리로 내게 다가와 속삭였다. 무슨 검사든지 필요하면 싹 다 해서 아이에게 큰일이 생기지 않게 해 달라고 말하였다. 그녀의 부드러운 목소리가 목화 모종에서 들려오는 듯하다. 멀리 타국에서 우리나라로 시집 온 그녀가 의지하고 기댈 곳이라고는 자신이 만나는 우리들이 거의 전부이지 않겠는가.

아이가 너무 이른 나이에 성숙이 시작되어 이런저런 여러 가지 검사를 하게 되었다. 골연령 검사, 혈액검사. 성선자극호르몬 분비 검사 등. 그 결과 성호르몬의 수치가 너무 높아 급기야 머릿속에 어떤 이상이 있는지도 검사해 보아야 할 지경이었다. 아이의 어머니에게 사정 이야기를 하고 혹시라도 모를 두개내 이상 유무를 확인해야 마음 놓고 치료를 할 수 있다고 설명해 주었다. 그녀는 흔쾌히 동의했다. 치료에 필요한 것이라면 무엇이든 다 할 것이라면서 MRI(자기공명영상) 촬영에 동의서를 작성해 내민다. 어떤 일이라도 늘 긍정적으로 여기며 항상 밝은 표정을 짓는 그녀의 일상에 먹구름이 끼지 않기를 바라며 작성한 동의서를 훑어보았다. 설명을 잘 알아듣고 일일이 자필로 작성한 그녀의 글자를 보다가 한 곳에 눈길이 멈추는 것이 아닌가.

'관계'라는 항목이었다. 작성한 사람이 검사받을 아이와 어떤 사이인지를 밝히는 곳이다. 아버지라면 통상 '부(父)'를 적고, 어머니라면 '모(母)'라고 쓴다. 한자를 배우지 않은 세대는 '아빠' 또는 '엄마'라고 적고, 외국에서 공부한 적이 있는 사람은 더러는 'DADDY', 'MOMMY' 라고 적는 칸이다. 그곳에 목화 같은 그녀가 적은 글자는 얌전하게 앉은 모습의 '좋은'이었다. 자기 아들과 그녀 사이가 나쁘지 않고 좋다는 뜻이리라. 그 글자가 나를 웃음 짓게 하기보다는 묘하게 가슴 깊은 곳을 찌르르 울렸다. 아무리 우리나라에서 오래 살고 부지런히 사람들과 관계를 맺으며 문화에 적응해 가더라도 정말이지 속속들이 완벽하게 따라잡기는 힘드나보다 싶어서.
언젠가 길을 묻기에 외국인에게 지도를 다운 받아 찾아가라고 한 적이 있다. 그때 그녀가 했던 말이 불현듯 떠오른다.
"맵다? 카라이(からい)?"
'맵(지도 map)'을 다운(download)' 받아서 가라고 한 것을 그녀는

'음식의 맛이 맵다.'라고 알아들었나 보았다. 우리네 인생살이에서 어느 것 하나 어렵지 않고, 쉬운 것만 있겠나. 삶이란 살아가면서 스스로 느끼고 시행착오를 거쳐야 크게 자랄 수 있지 않겠는가. 부딪히고 깨지면서 길이가 자라고 품이 넓어지고 또 마음이 깊어가는 것 아니랴.

미국에 있는 트위터 본사에는 거꾸로 붙은 글귀가 있다.
'내일은 더 멋진 실수를 하자
(Let's make better mistakes tomorrow)'
이는 바로 색다른 도전을 하자는 말이 아니겠는가.

나를 기댈 곳이라고 생각하여 들고 왔다는 그녀의 목화 모종이 잘 자라서 다행이다. 올해엔 어느 때보다 튼실하고 풍성한 목화송이를 맺어서 그녀 가족뿐 아니라 우리 주변의 모든 어려운 이들에게 기쁘고 좋은 소식을 듬뿍 가져다주기를 희망한다. 누구든 새로운 도전을 하면서 만나는 뜻밖의 일들이 인생을 더욱 풍성하게 하는 자산이 될 것이니.

정명희

경북의대 졸업, 소아청소년과 전문의, 의학박사,
현) 정명희 소아청소년과의원(성장,성조숙증 클리닉) 원장,
〈수필과 비평〉 신인상, 2010년 〈수필과 비평〉 등단,
안행수필 동인회 회장

수필집 : 《꼭 붙어있어라》《진료실에서 바라본 풍경》
《마음을 훔치는 배우》《복사꽃 오얏꽃 비록 아름다워도》
《잘한다, 잘한다, 자란다》

이메일 : mhchung46@hanmail.net

안광준

찬양의 인물
다시 살아나다

그는 여느 때와 마찬가지로 오늘도 출근길에 올랐다.

해운대에 있는 집에서 부산 기장군에 있는 직장까지는 승용차로 대략 20분쯤 걸린다. 부산에서도 가장 아름답기로 소문난, 풍경이 뛰어난 해운대 달맞이길을 따라가며 폴 모리아 악단이 연주하는 〈우울한 사랑〉 〈사랑의 멜로디〉를 귓가로 음미한다.

Classic music이 아닌 Pop song을 이렇게까지 세련되고 황홀한 경지로 이끌어가는 폴 모리아에게 그는 무한한 애정과 존경을 보내곤 했다. 폴 모리아는 다양한 악기를 적재적소에 사용하여 감미로운 음률을 배열하는 데 천재적 재능을 지닌 사람 임이 분명하다.

해운대 달맞이길을 지나면 송정해수욕장에 도달되고 연이어 나타나는 오시리아 관광단지를 지나면 푸른 바다가 창가로 펼쳐지는 기장해안로가 나타난다. 야자수 가로수가 깨끗이 줄지어 있는 상쾌한 기장해안로를 따라 유유히 달리다 보면 어느새 그의 직장인 S 요양병원에 도착하게 된다.

그는 너무너무 행복했다.

기장군에 소재한 이 직장에 오기 전까지는 그는 교통지옥에 엄청 시달려서 한동안은 다니던 직장을 그만두려고도 생각했었다. 해운대에서 수영로타리를 거친 후 다시 양정로타리를 기어가듯 가까스로 지나 겨우 부암동에 도착되던 과거의 출근길은 그야말로 지옥 출근길! 끼어들기 다반사! 아비규환!

그래서 직장에 도착하는데 소요되던 시간이 평균 1시간 10분 정도 였다. 직장에 도착하게 되면 거의 기진맥진한 상태가 되었다.

그러던 그가 이제 직장이 바뀌어 자택에서 가까운 부산시 기장군에 소재하게 되자, 그것도 부산 최고의 드라이브 코스인 해운대 달맞이길과 기장해안로를 아침, 저녁으로 상쾌하게 달리게 되었으니 그가 만끽하는 이 통쾌한 해방감은 거의 상상을 초월하는 수준이었다.

오! 하나님 감사합니다!! 처참한 교통지옥에서 벗어나게 해 주셔서 정말 감사합니다.

행복한 출근길을 만끽하며 직장에 도착하게 되면 그 전날 내보냈던 검사 결과물들을 꼼꼼히 챙겨본 후 병동 입원환자들을 회진한다. 회진하는 동안 환자들이 악수를 청할 때마다 일일이 응하느라 회진 시간이 제법 길어지기도 한다. 입원환자들에게 그날 투약할 처방 order를 차트에 다 입력하고 정리하고 나면 벌써 정오, 점심시간이 된다.

그의 일과 중 오후에는 경과 기록지, 입퇴원 기록지 등의 의무기록들을 정리하고 나면 그는 거의 습관적으로 성가곡집을 펼친다. 그는 해운대의 S 교회 찬양대 테너 대원이었고, 그의 부인은 소프라노였다.

성가곡집을 펼쳐 다음 주일 부를 찬양곡을 헤드폰을 끼고 연습하기 시작한다. 소프라노, 알토, 테너, 베이스의 4부로 나뉘는 합창곡은 오묘하고도 신비로운 음의 조화를 무궁무진하게 표현해낼 수 있다. 4부 합창의 완성된 화음을 따라가다 보면 온갖 잡념과 걱정거리들은 머릿속에서 다 떠나가고 풍성한 하늘나라의 평강과 평안 그리고 오묘한 희열이 마음속에 찾아든다.

이런 아름다운 음들의 변화무쌍한 전개와 4부 화음의 원숙한 조화는 완전히 그를 음의 흐름만 있고 그의 존재는 망각 되는 무아의 경지로 이끌어간다.

주일날이 되면 매 주일마다 그는 새벽 5시에 일어난다.

S 교회에 예배드리러 갈 준비를 집에서 마친 후 찬양연습실에

7시 10분까지 아내와 함께 도착한다.

하나님이 기뻐하시며 흡족하게 받아주실 거룩한 찬양을 준비하기 위해 110명의 찬양대원들은 지휘자의 지적과 주문 사항에 따라 열심히 연습하며 화음을 맞춘다. 각 파트에서 틀리는 부분이 있으면 지휘자가 예리하게 지적하며 바르게 소리 낼 때까지 계속 반복 연습시킨다.

이번 주일의 찬양곡 〈만물아 감사찬송 부르자〉를 부르기 위해 찬양대원들이 모두 기립했다. 엄숙한 긴장감이 찬양대석을 압도하며 흘러내린다.

'조금의 어긋남도 없는 완벽한 천상의 찬양을 올려드릴 수 있게 해 주소서! 아멘!'

그는 이렇게 마음속으로 기도한 후 지휘자의 지휘봉에 맞춰 혼신의 집중력을 쏟아붓는다. 찬양을 부르고 있는 동안 그는 찬양을 하고 있는 자기 자신을 전혀 느끼지 못한다. 그의 입과 목과 전신 몸통에는 오로지 음률이 흘러내리고 있을 뿐이다. 그는 한겨울에도 속옷이 땀에 축축하게 젖을 정도로 항상 무아지경에서 찬양을 무사히 다마친 후 찬양대석에 조용히 앉는다.

이때 그의 마음속으로 물밀듯이 밀려오는 하늘의 평강과 은혜로운 축복감은 그 외의 다른 사람들은 아예 짐작할 수조차 없다. 그의 얼굴은 환하게 밝아지며 잔잔한 호수와도 같은 평온함이 얼굴과 가슴에 가득 채워진다.

'찬양하라 내 영혼아! 찬양하라 내 영혼아! 내 속에 있는 것들아 다 찬양하라!'

그는 이런 교회 찬양대원으로서의 신앙생활을 약 50년 동안 이어 오고 있었다. 그러나 이제 그는 노령으로 기력이 떨어져서 85세로 찬양대원으로서의 봉사 활동을 마감하고 그 후로는 평신도로서 주일 성수를 지키며 신앙생활을 이어갔다.

2048년은 인류역사상 가장 참혹하고도 처참한 언급하기에도 섬찟한 그런 한 해였다. 제49차 코로나가 전 세계를 휩쓸고 지나갔다. 어떠한 예방접종에도 듣지 않는 희귀한 코로나바이러스의 변이종이 나타나 사람들의 인, 후두를 강타했다. 이때 70세가 넘는 전 세계 노령자들의 50%가 사망하였으며 전 세계 인구 100억 명 중 20%에 해당하는 20억 명이 사망했다.

한국과 일본 등지에서는 매장금지령이 내려졌으며 전 세계적으로 화장시설이 부족하여 도시와 시골 곳곳에 공공 소각장을 추가로 설치하여 코로나에 감염되어 사망한 시체들을 관에 넣어 쉴 새 없이 소각했다. 소각하고 남은 뼈의 가루는 대부분 바다에 뿌려졌다. 그도 2048년 12월, 코로나를 이기지 못하고 향년 94세로 쓰러졌다.

S 교회 찬양대원들은 교회에서 그토록 뜨겁게 열정적으로 찬양하던 그의 죽음을 슬퍼하며 장례식장을 찾아왔다. 관이 놓여있는 장례식장에서 S 교회 찬양대원들은 그가 살아 생전에 즐겨 부르던 찬송 '나의 힘이 되신 여호와여'를 숙연한 목소리로 다같이 부르기 시작했다.

1절을 끝내고 2절을 다같이 합창으로 부르고 있을 즈음에 이상하게도 어디선가 나지막하고도 아련한 테너의 선율이 찬양대원들의 귓가에 들려오기 시작했다.

찬양대원들은 너무나 어리둥절하여 서로의 얼굴들을 쳐다보며 누가 테너의 멜로디를 부르고 있나 의아해하며 두리번거렸다. 찬양대원들은 4부가 아닌 1부 멜로디 음정으로 노래하고 있었기 때문에 방금 들려온 테너의 음성을 찬양대원들의 예민한 귀로 곧바로 인지할 수 있었다. 깨끗한 테너의 선율이 계속 이어지며 들려왔다. 찬양대원들은 너무 놀라 아연실색했다. 놀란 나머지 얼굴빛이 창백해졌다.

바로 그때 한 연로하신 소프라노 대원 한 사람이 떨리는 손가락으로 관을 가리켰다. 정확히 관 속에서 테너의 음률이 새어 나오고 있었다.

오! 하나님! 이런 놀라운 기적이 바로 우리들 앞에서 일어나다니요!

혼비백산한 찬양대원들은 장례식장 직원들의 도움을 받아 관의

뚜껑을 드디어 열었다. 뚜껑을 열자, 그는 '나의 힘이 되신 여호와여'를 테너 선율로 부르면서 관 속에서 일어났다.

죽은 지 사흘 만에 다시 살아난 것이다!!!

그를 둘러싼 찬양대원들은 그의 손과 팔을 만져보며 할렐루야! 아멘!! 할렐루야! 아멘!!을 외치며 눈물을 흘리며 환호했다.

오! 주여 감사합니다! 이런 부활을 저희들 눈앞에서 생생히 보여주시다니요!

아멘!! 할렐루야! 아멘!! 감사합니다. 감사합니다.

다시 살아난 그는 매 주일마다 예전처럼 찬양대석에 서서 하나님을 향한 찬양을 뜨겁게 뜨겁게 이어갈 수 있었다.

그런 일이 발생한 후 S교회 찬양대원의 수가 폭발적으로 늘어났다. 찬양대원 지원율이 평균 100:1을 넘었으며 특히 테너 파트는 200:1 이상의 경쟁율을 보였다

'할렐루야 내 영혼아 여호와를 찬양하라!' (시편146:1)

---

* 주 : 이 글은 픽션임.

: 그가 부활한 후 정확히 언제까지 살았는지는 후대 기독교 역사학자들 사이에 의견이 분분하다. 145세까지 살았다는 학설과 170세까지 생존했다는 설로 크게 양분되고 있다.

안광준

1999년 〈한국시〉 수필 등단

대한산부인과학회 부회장 역임

현) (직)대한산부인과의사회 고문

현) 새소망요양병원 진료원장

이메일 : christianahn@hanmail.net

유형준

혈압을
만진다

일주일째다.

느닷없이 벌어진 진료실 정황을 곱씹느라 궁싯거리기를.

"여기 앉으세요."

간호사의 호명으로 들어선 환자에게 진찰 의자에 앉길 권한다. 컴퓨터에 자잘하게 뜨는, 십오 년간 쌓인 혈당 수치, 초음파 영상 등이 종횡으로 늘어선 검사 결과, 병의 경과, 약 처방 등을 톺아보며 흘낏한다. 비교적 어린 나이부터 당뇨병으로 꾸준히 진료받으며, 출근길에 바삐 늘 혼자 오더니 처음 보는 여자 보호자와 함께다. 여전히 시선을 화면에 고정한 채 환자의 음성을 듣는다.

"누님이세요. 지난 진료 때, 혈당 조절이 잘 안되어 콩팥 기능이 떨어지고 있다고 말씀하셔서, 직접 듣고자…….”

“예, 설명 드리겠습니다. 누님께서 이쪽으로…….”

화면 바로 앞으로 옮겨 앉은 그녀의 얼굴은 말 없는 입보다 더 빈틈없이 닫혀 있고, 눈초리는 검사 결과를 짚는 커서를 좇아 두드러지게 날이 서 있다.

삼 개월 전보다 더 나빠진 신장 기능의 진행 정도와 예후, 인슐린 주사의 필요성 등을 다 듣고 나서, 고개를 바로 세우며 드디어 입을 뗀다.

“십 년 이상 선생님께 맡기고 다녔는데, 왜 이렇게 나빠졌습니까? 하라는 대로 검사하고 약 먹고, 약 먹고 검사하고. 시키는 대로 다 했는데.”

한 호흡도 쉬지 않고, 그녀의 날은 더 예리해진다.

“사람이 들어오는데 쳐다보지도 않으셨죠. 심지어 그리 오래 다니는 동생에게도 눈길 한번 안 주시더군요. 그런 식으로 진료해 주시니 제 동생의 병이 점점 악화한 게 아닌가요?”

전연 예상치 못한 무방비를 깊숙이 파고드는, 불만과 분노가 격하게 섞인 단호함에 당혹하지 않을 수 없었다. 속내평과 전혀 달리 강마르게 비친 성미, 지독히 짧은 시간 속에서도 최대한 정확한 진단과 치료 대책을 구하려고 되도록 많은 데이터에 집중한 진심을 못 알아주는 서운함, 가장 적합하다고 자부하며 해 오던 진료 태도와 방식에 대한 믿음과 자신감이 한꺼번에 허물어지는 듯한 허탈 등이 불쑥불쑥 엎치락뒤치락 뒤엉켰다.

건강한 사람이 아프면 고통을 줄이고자 하는 욕구가 생겨, 의사를 만나고, 치료를 받는다.

"의사를 만난 환자는 신뢰와 희망이, 의사는 공감과 동정이 발동하여 작용한다. 이러한 심리 작용들이 긍정적으로 또는 부정적으로 이루어진다."

이탈리아 토리노 의대 파브리지오 베네데티 교수의 말이다. 긍정과 부정의 갈림길에서 온전히 긍정의 결과만 열매 맺게 하려면 어찌해야 할까. 컴퓨터를 죄다 치우고 예전처럼 손으로 병록을 적고 처방전을 지을까. 짧은 시간에 눈길 마주치며 따스한 말을 건네면서, 동시에 화면 빼곡한 의학적 소견과 사실에 집중할 수 있을까. 일이 분을 다투어야 하는 초고속 진료 현장에서 이야기를 나누어 긍정적 공감과 동정을 나눌 수 있을까. 어떻게 해야 후다닥 막힘없이 소통할 수 있을까? 소통은 맞닿음이 아닌가. 서로 닿아 알고 공감하는 과정이며 결과 아닌가.

문득, "의사는 환자를 만나 악수할 때부터 촉진을 시작한다. 악수는 많은 정보를 얻을 수 있는 보물창고다."라는 노벨평화상 수상자인 버나드 라운 하버드 의대 명예교수의 말이 떠올랐다. 환자가 기쁘게 손을 내밀고 있는지, 머뭇거리며 떨리는 손인지, 마지못해 건

성으로 잡고 있는지 등을 진단의 참고 사항으로 기록해 두어야 한다고 박사는 강조했다.

그래, 닿자. 환자와 악수하긴 우리네 진료 풍토상 어색하고⋯ 보다 자연스럽게, 혈압을 재자. 혈압을 재면서, 살갗으로, 핏줄의 맥동으로, 시선으로, 대화로 닿자. 극히 짧고 비좁은 시공간이라도 서로 맞대어 빈틈을 없애자.

환자의 위팔을 혈압계 압박대로 빙 둘러 감싸고, 손끝으로 팔오금의 동맥 박동을 느껴, 엄지로 청진기를, 나머지 손가락과 손바닥으로 팔꿈치를 받친다. 그리고 심장에서 솟아나 전해 오는 팔뚝의 박동을 듣는다. 짧은 닿음일지라도 몸과 마음의 처지와 상태를 있는 그대로 고스란히 느끼고 알아챌 수 있을 게다. 팔에도 손에도 청진기에도 말과 표정이 생생하게 한 움큼 들어 있을 테니.

겨울을 재촉하는 찬 바람이 분다. 속옷을 챙겨 입어야 할 만큼 추워지면 진료 시간이 길어진다. 겉옷을 벗고 속옷을 걷어 올려 팔오금이 드러나야 혈압을 제대로 잴 수 있다. 아니, 그래야만 맞닿을 수 있다. 대기 환자가 많을 땐, 더러 번거로움이 혈압 측정을 멈칫하게 하지만, 그일 이후로 지금껏 한 환자도 거르지 않고 혈압을 재며 진료를 시작하고 있다.

흰 가운을 입고, 청진기를 목에 걸고, 혈압계를 제자리에 똑똑하게 앉혀 놓고, 만나는 환자마다 의식을 치른다. 작은 맞닿음이 진료실을 알맞게 따스한 공기로 채워 놓는 수십 년 묵은 의식. 여전히 놓여 있는 컴퓨터도, 청진기도, 혈압계도, 오늘의 입과 눈도, 어우러져 혈압을 만진다. 평생 메말랐을 나의 진료를 녹진하게 바꾸어 준 그 환자, 그날 그 진료를 떠올리며.

유형준

수필가(1992년 〈문학예술〉) 시인(필명 유담)

서울의대 및 대학원(의학박사), 한림의대 내과 및 의료인문학 교수

한국의사시인회 초대회장, 문학청춘작가회장, 한국의사수필가협회장

문학청춘작가회 동인상 수상

현재 : 함춘문예회장, 의학과 문학 접경연구소장, 씨엠병원 내분비내과장

저서 : 《늙음 오디세이아》《의학에서 문학의 샘을 찾다》《글 짓는 의사들》
《우리나라 최초 의사문인 포백 김대봉 문학선》시집《가라앉지 못한 말들》
《두근거리는 지금》 외

이메일 : hjoonyoo@gmail.com

여운갑

화백
제도

"의사 양반, 나 좀 우리 집까지 데려다줘."

기운이 없다고 수액을 맞으신 할머니가 귀가를 준비하면서 하시는 말씀이었다. 오후 늦게 오셨기 때문에 퇴근 시간이 넘어서야 끝났다. 마침 내가 처리해야 할 일이 있어 직원들을 모두 퇴근시키고 혼자 있었다. 다 들어간 링거액을 빼 드리자 유일하게 남아 있는 나에게 부탁을 하셨다. 가까이에 빌라들이 있어 독거노인들이 더러 살고 계시는데 그중 한 분이었다. 엉겁결에 수락을 했고, 한 손엔 지팡이를 짚으신 할머니의 다른 한 팔을 부축해 드리게 되었다.

초저녁 불을 켠 차들이 분주히 오가는 도로 옆 인도를 천천히 걸어서 흐린 조명이 비추는 골목길에 들어섰다. 잠시 후 서민들이 사는 오래된 빌라가 어두운 색깔을 하고 앞에 나타났다. 건물 계단을 할머니와 함께 하나씩 오르게 되었다. 평소에는 무심코 지냈던 중력의 힘을 확실하게 느끼는 순간이었다. 힘겹게 발을 떼고 숨을 몰아쉬고는 조금 쉬었다가 다시 오르기를 반복하셨다. 내가 일을 끝내고 와서 다행이라는 생각이 들었다. 해야 할 것이 남았으면 마음이 급해져 재촉을 했을지도 모른다. 할머니의 폐 기능이 많이 떨어져 있는 것 같았다. 적게 남은 호흡 공간에 공기를 최대한 보내기 위한 숨소리를 바로 옆에서 듣게 되었다. 팔을 잡고 몸이 밀착되자 긴 시간을 간직하여 주름이 많은 피부와 맞닿았다. 그곳에서 노인의 체온을 느끼며 장시간 천천히 3층까지 오르게 되었다.

집 앞에 당도하자 안도의 한숨을 내쉬며 잠시 숨을 고른 후 출입문을 열고 입구의 불을 켰다. 신발을 벗고 안으로 들어가시는 곳까지 부축을 해드렸다. 고맙다고 음료수라도 마시고 가라는 할머니의 호의를 사양하고 왔던 길을 되돌아왔다.

며칠 후 그 할머니께서 다시 내원하셨다. 우리 의원에 자주 내원하시는 분이었지만, 그날은 전에 오신 분과는 다른 노인이 앞에 계셨다. 할머니가 여기에 오시기까지 모습이 보였기 때문이었다. 빌라 출입문을 열고나서 한 손에는 지팡이를 짚고 다른 한 손으로 계단 난간을 잡은 후 가쁜 숨을 몰아쉬며 천천히 내려오다, 잠시 쉬었다가 다시 걸음을 내딛기를 반복하는 영상이 나타났다. 힘겹게 다 내려온 후 좁은 골목길을 지나 도로를 거쳐 우리 의원에 당도하는 모습이 파노라마처럼 그려졌다.

역사를 보면 신라에는 화백회의라는 최고 의결 기구가 있어 국가의 대소사를 의논하였다고 한다. 그런데 이 회의의 결정 방식은 만장일치제였다는 것이다. 모두가 한마음이 되어야 일을 추진 할 수 있다. 그 당시에도 성골이나 진골과 같은 엄연히 다른 집단이 존재했다. 만장일치제로 결정하여 나라의 힘을 한곳에 모아 삼국을 통일했다는 것은 이해가 되지 않는다.

지금의 국가 최고 의사결정 기구인 국회나 정치권에서 일어나는 일을 보면 한마디로 가관이다. 거짓과 위선이 모두 동원되는 곳이 정치판이다. 정권을 잡기 위해서는 어떤 수단과 방법도 가리지 않는다. 당리당략에 편승하여 국가와 국민은 내팽개친다. 이권에 개입하여 뇌물을 챙기고, 포퓰리즘에 영합하여 인기 발언이나 한다. 선거 때는 모든 부정과 권모술수로 혼탁의 극치를 이룬다. 편 가르기와 줄서기, 야합, 배신, 교언영색이 난무한다. 철학과 소신이 없는 철새 정치가와 해바라기성 인물들이 기회를 노린다. 만장일치제가 아닌 과반수에 의한 결정을 해도 시한을 넘기는 일이 부지기수이다. 날치기나 점거 농성, 나아가 장외 무효 투쟁을 익숙하도록 많이 보고 있다. 이 시대에 만장일치제 결정 방식으로 안건을 처리한다면 되는 일이 하나도 없을 것이다.

여기에 이러한 것이 가능하도록 하는 장치가 존재했던 것 같다. 이들은 회의를 지금의 국회의사당 같이 냉난방이 잘되고 편안한 회전의자에 앉아 논의를 한 것이 아니었다. 대신 명산을 찾아다니며 회의를 했다고 한다. 아름다운 산을 밟으며 경치에 몰입되어 감탄을 한 후 회의를 했을 것이다. 사계절 모두가 특색이 있는 우리의 산과 들은 경관이 조화를 잘 이루어 탄성이 절로 나온다. 국토를 휘감는 시내나 강을 보며 걸었을 것이다. 우리나라가 금수강산임을 새삼 느꼈을 것 같다. 웅장한 자연은 최고의 스승이며 우리에게 힘을 준다. 그곳에서 생활하는 국민을 직접 보며 그들과 호흡을 함께 했을 것이다. 그리하여 누가 가르쳐주지 않아도 애국심이 생겨, 유사시에는 죽음을 각오하고 그 땅과 그곳에 사는 이들을 지키려는 의지가 생겨났을 것이다. 그런 마음으로 논의에 임하면 사심이 없어진다. 오로지 나라를 위하고 국민을 생각하는 조국애만이 남게 되었을 것이다. 너와 내가 없으니 오로지 국가로 하나가 된다. 당연히 만장일치가 될 수 있었을 것이라는 추측을 한다.

야구 관람법에는 두 가지가 있다. 운동장에 직접 가서 할 수도, TV로 시청할 수도 있다. 두 가지 차이점을 싱싱한 생선회를 먹는 것과 통조림을 섭취하는 것에 비유하기도 한다. 야구장 외야 2층에서 구경을 하면 경기하는 선수들이 개미처럼 작게 보인다. TV에서는 크게 확대해주고, 중요한 상황에 초점을 맞추어 보기 쉽고 편하게 한다. 그러나 경기장에서 직접 보는 것이 훨씬 재미있고 박동감이 넘치는 이유는 생생한 현실인 운동장 경기를 직접 몸 전체로 체험을 하기 때문이다.

유명한 미술작품을 사진으로 보거나, 평판이 높은 음악가의 연주를 오디오를 통하여 들을 수도 있다. 촬영 기술이나 녹음 기법이 뛰어나 실제보다 더 생생하게 만들어 낸다. 그러나 전시장이나 공연장에 직접 가서 작품을 접하게 되면 화가나 연주자의 호흡을 몸으로 느낄 수 있다. 그들의 숨소리를 들으면 작가가 표현하고 싶어했던 마음을 공유하게 된다. 작품을 만드는 사람의 생각이 엿보이고 진지한 모습이 어렴풋이 나타나기도 한다. 작품을 보고 듣기만 하기보다는 현장에서 몸 전체로 느낄 수 있기 때문이다.

내가 하는 일이 일주일 내내 다람쥐 쳇바퀴 돌 듯 병원에서만 지내는 것이다. 주말이 되면 모든 것을 털어버리고 어디든 멀리 떠나고 싶다. 우리 지역 구청에서는 매년 권역 행사로 거리 풍물 축제를 개최한다. 몇 주 전부터 올해의 일정을 요란하게 안내하는 중이다. 신라인이 화백회의를 하기 위하여 걸었을 명산을 찾지는 못해도, 이번 주말에는 축제 장소에 가서 직접 구경이라도 하고 싶어진다.

여운갑

사랑의가정의학과의원 원장

2014 〈에세이 문학〉 등단

보령의사수필문학상, 한미수필문학상 수상

이메일 : yeowk211@hanmail.net

2025년 제15회
한국 의학도 수필공모전
당선작

생명의 푸가,
그 거대한 악보 앞에서

최지호

순천향대학교 의과대학 의학과 4학년

jiho0010@naver.com

앰프의 전원을 켜자 '퍽' 하는 파열음과 함께 낡은 램프에 붉은빛이 돌았다. 케이블을 기타에 꽂는 순간의 서늘한 금속성, 그리고 게인 노브[1]를 오른쪽으로 끝까지 돌릴 때 손끝에 전해지는 저항감. 이윽고 '지이이-' 하고 먼지 쌓인 합주실의 공기를 잠식하는 노이즈. 그 백색소음 위로 터져 나오는 고막을 찢을 듯한 디스토션[2] 사운드야말로, 가사 한 줄 없이 울리

---

[1]_ 게인 노브(Gain Knob) : 일렉트릭 기타 앰프에서 소리의 디스토션 정도와 음색을 조절하는 장치

는 내 청춘의 자화상이었다.

내가 만드는 음악에는 언제나 보컬이 없었다. 말은 얼마나 폭력적인가. 때로는 너무 명확해서 상상력을 가두고 일방적인 정답을 강요하지 않던가. 그래서 나는 화려한 언어와 감정적인 목소리를 거부했다. 묵직하게 심장을 때리는 베이스라인과 날카롭게 신경을 할퀴는 기타 리프로 말했다. 듣는 사람마다 다른 감정을, 다른 기억으로 해석될 수 있는 여백을 남겨두었다. 그것은 정해진 답을 향해 질주하는 의학 공부에 대한 나의 소심한 저항이자, 유일한 탈출구였을지도 모른다.

'사람이 먼저 되자'라는 말은, 한때 내 청춘의 신념이었다. 우리는 좋은 의사가 되기 위해 모였다고, 더 나은 의료를 꿈꾼다고 믿었다. 하지만 어느 봄, 그 신념은 세상의 거대한 벽 앞에서 산산조각 났다. 정의를 위한 외침은 이기주의라는 낙인이 되어 돌아왔고, 나는 하루아침에 악마가 되어있었다. 텔

2_ 디스토션(Distortion) : 일렉트릭 기타의 소리를 의도적으로 강하게 왜곡시켜 거칠고 힘 있는 소리를 내는 음향 효과

레비전과 신문, 익명의 댓글들은 쉴 새 없이 나를 향해 돌을 던졌다. 내가 연주하던 디스토션 사운드는 차라리 순진한 투정이었다. 세상이 들려주는 거대한 비난의 노이즈 앞에서 내가 할 수 있는 것은 아무것도 없었다.

견딜 수 없는 분노와 무력감, 그리고 미움이 터지기 직전의 화산처럼 들끓었다. 그 감정의 용암으로부터 도망치듯 나는 도서관 가장 깊숙한 곳으로 나를 가뒀다. 더는 세상의 소리를 듣고 싶지 않았다. 침묵과 글자로 둘러싸인 그곳에서, 나는 생존을 위한 공부를 시작했다.

처음엔 그저 기계처럼 지식을 밀어 넣었다. 수백 페이지짜리 교과서는 무겁고 차가운 벽돌 같았고, 수많은 라틴어 이름은 저마다의 낯선 발음으로 나를 조롱하는 듯하였다. 미로처럼 얽힌 도표들 사이에서 길을 잃기 일쑤였고, 밤샘 공부는 잿빛 피로만을 남겼다.

그러던 어느 새벽, 기이한 경험을 하게 되었다. 며칠째 씨름하던 《해리슨 내과학》 신장 파트, 사구체의 복잡한 단면도를 무심코 들여다보던 순간이었다. 현미경 아래 복잡하게 얽

히고설킨 모세혈관 그림이 어느새 꼬이고 꼬인 음표들로 보이는 것이었다. 혈관과 세뇨관들은 저마다의 음표가 되어, 흑백의 삽화를 오선지 삼아 형형색색의 선율을 피워내기 시작하였다. 수백만 개의 네프론이 각자의 역할을 하면서도 결국 '항상성'이라는 단 하나의 주제를 향해 나아가는 정교한 대위법, 이것은 음악이었다.

그 순간 책 속의 활자들이 일제히 일어나 장엄한 연주를 시작했다. 교회의 탄압을 피해 메스를 들었을 베살리우스의 떨리는 숨결, 수만 번의 실패 끝에 기적의 분자식을 발견하고 환호성을 질렀을 어느 과학자의 목소리. 그들은 단순히 지식을 축적한 것이 아니었다. 미지의 영역을 개척하며 인류의 한계를 넓혔고, 수많은 희생과 좌절 끝에 쌓였을 고뇌가 활자를 넘어 내 가슴을 울렸다. 각기 다른 시대, 다른 공간에서 시작된 독립적인 선율들이 서로를 부르고 답하며 겹겹이 쌓여 '생명'이라는 거대한 주제를 변주하고 발전시켜 나가는 장엄한 푸가(Fuga), 그 위대한 합주가 지금 내 몸속에서, 그리고 이 책 속에서 울려 퍼지고 있었다.

그 거대한 푸가 앞에서 나의 분노와 미움은 얼마나 보잘 것없는 독백인가. 나의 자아를 좀먹던 날 선 감정들은 이 위대한 지식의 교향곡 앞에서 한순간의 노이즈에 불과했다. 나는 한없이 작아졌고, 역설적으로 나의 세계는 무한히 확장되었다.

이따금 다시 기타를 잡는다. 더 이상 게인 노브를 끝까지 돌리지 않는다. 대신 맑고 투명한 클린 톤[3]에 리버브를 살짝 섞는다. 으르렁대던 디스토션의 자리에 이제는 하나의 근음(根音) 위에 5도, 그리고 7도 화음이 차곡차곡 쌓여 만들어내는 맑은 울림이 자리 잡는다. 한 음 한 음 정성껏 쌓아 올리는 화음이, 수많은 발견이 겹겹이 쌓여 완성된 지식의 세계와 닮았음을 깨닫는다.

여전히 보컬은 넣지 않는다. 예전에는 목소리가 내 음악의 자유를 해친다고 믿었지만, 이제는 내 얕은 목소리보다 위대

3_ 클린 톤(Clean Tone) : 일렉트릭 기타에서 디스토션 같은 효과를 적용하지 않은 악기 본연의 깨끗하고 순수한 음색.

한 진실의 울림이 훨씬 더 많은 이야기를 한다는 것을 안다. 나의 침묵은 이제 반항이 아니라 경외의 다른 이름이다. 수많은 선배들이 온몸 바쳐 완성해 온 이 생명의 푸가에 내 목소리를 섣불리 얹는 것은 오만한 행위일 것이다.

나는 이제 이 거대한 악보를 겸허히 익히고 배운다. 언젠가 흰 가운을 입고 아픔을 마주했을 때, 가장 정확하고 아름다운 화음으로 응답할 수 있는 연주자가 되기 위해서다. 이제야 깨닫는다. 내 청춘의 시끄럽던 디스토션마저도, 이 거대한 생명의 푸가를 만나기 위한 필연적인 전주(前奏)였음을.

최지호

순천향대학교 의과대학 의학과 4학년

　한 폭의 그림은 그 화가의 삶을 비추는 거울이라고도 합니다. 저에게는 꼭 음악이 그 거울과 같았습니다. 의대 공부와 밴드 활동을 병행하며 남긴 음악들 속에는, 신기하게도 당시 저의 감정과 고뇌가 각기 다른 악상과 주제로 드러나 있는 것을 느낄 수 있었습니다. 이번 수필은 그렇게 쌓여온 음악들의 흔적을 따라가며 저의 성장 과정을 복기해 본 기록입니다.

　글에서 고백했듯, 제게는 세상의 소음이 버거워 방문을 굳게 걸어 잠그고 책 속으로 침잠하던 시간이 있었습니다. 하지만 역설적으로, 그 가장 좁은 공간에서 세상의 광대함과 제 미약함을 깨달았습니다. 평생을 배워도 모든 것을 알 수 없다는, 그 자명한 진리가 얼마나 무겁게 다가왔던지요. 그 거대한 무지 앞에서 비로소 겸손을 배웠습니다.

지난 시간이 남긴 상처는 여전히 우리 삶의 일부로 남아 있습니다. 하지만 이제 저는 그 상처마저도 우리를 더 큰 사람으로 만들어주는 밑거름이 되고, 더 깊은 아픔을 품고 사랑할 수 있는 자양분이 되리라 믿습니다.

제 글을 귀하게 여겨주신 심사위원님들과 대회를 위해 애써주신 모든 분께 감사드립니다. 언제나 제 도전을 믿고 지지해 준 가족, 따뜻한 격려로 이끌어 주신 선배님들, 그리고 삶의 여정을 함께 해준 친구들에게 이 영광을 돌립니다. 앞으로도 삶이 던지는 질문들 앞에서 주저앉기보다, 성장의 기회로 삼고 따뜻하게 응답하며 살아가겠습니다.

감사합니다.

불안의 심연에서 발견한 의사의 소명

권성한

충남대학교 의과대학 의학과 4학년

gold8644@naver.com

끊임없이 울리는 기계음, 분주하게 오가는 의료진의 마른 발소리, 짧고 건조한 대화들. 응급실의 공기는 언제나 소독약과 피, 그리고 체액들의 냄새로 축축했다. 의학과 4학년, 나는 그것에 익숙해지는 법을 배우고 있었다.

Urosepsis attack (요로성패혈증). 87세의 남환이 실려 들어왔을 때, 나는 병명 뒤에 가려진 그의 존재를 보았다. 피골이 상접한 육신, 간신히 붙어있는 희미한 숨결. 그의 몸에는 무수한 라인이 꽂혔다. 현대의학이 제공할 수 있는 모든 도움을 받으며 응급실 한가운데서 생명을 연장하고 있었다. 그것이 우리의 세계, 마르틴 하이데거가 말한 세인(das Man)의 세계였다.

세인은 특정한 누군가가 아니다. 그것은 사람들이 일반적으로 그렇게 말하고, 그렇게 행동하고, 그렇게 느끼는 익명의 지배자다. 하이데거에 따르면, 세인은 잡담, 호기심, 모호성이라는 방식으로 우리의 일상을 지배한다. 병원이라는 공간은 이 세인의 지배가 가장 강력하게 작동하는 곳이었다. 우리는 환자의 고유한 삶의 역사 대신, 차트 위의 데이터라는 잡담을 나누었다. 그의 고통의 실체에 대한 공감 대신, 흥미로운 케이스의 호기심으로 그를 대했다. 그리고 우리가 과연 그를 돕고 있는지, 아니면 그저 정해진 역할을 수행하고 있는지 모를 모호성 속에서, 우리는 사람들이 하는 대로 환자를 대했다.

죽음은 늘 일어나는 사망 사건이었고, 우리는 그 사건에 익숙해져야만 했다. '사람은 죽는다(one dies)'는 빈말 속에서, 죽음은 나의 것이 아닌, 익명의 누군가에게 일어나는 일이 되었다. 이 세인-자기(they-self)는 나의 고유한 실존적 책임을 면제해주었고, 그 안락함 속에서 나는 나 자신을 점차 잊고 있었다.

내원 3시간째, 그의 vital sign이 급격히 흔들리기 시작했다. 체온이 떨어지고, 호흡과 심박이 불안정해졌다. 곧바로 CPR이 시작되었다. 현장은 전쟁터였다. 여기저기서 터져 나오는 고함, 기계의 경고음. 그 혼돈 속에서 나 역시 패닉에 빠질 것만 같았다. 그때, 실습 교수님이 나를 불렀다.

"학생, 자네가 해봐."

나는 이미 알고 있었다. 가망이 없는 싸움이라는 것을. 이미 그의 생명은 5분, 10분밖에 남지 않았다는 사실을. 교수님이 나를 시킨 이유도, 슬프게도, 의학적 리스크가 없는 이 상황을 통해 나에게 현실 경험을 하게 해주려는 것임을 깨달았다. 나는 내 온 힘을 다해 그의 가슴을 압박하기 시작했다. 땀방울이 마스크 안으로 흘러내렸고, 앙상한 갈비뼈의 감각이 손바닥을 통해 팔 전체로 전해져 왔다. 하지만 나는 무엇을 위해 이 행위를 반복하고 있는가? 이 끝없는 헛수고는 대체 무슨 의미가 있는가? 나의 행위는 한 생명을 살리기 위한 필사적인 노력이었는가, 아니면 그저 정해진 절차를 따르는 세인의 무의미한 몸짓이었는가. 내 손은 한 인간의 심장을 다시 뛰게 하려는 의지로 움직이는 것이 아니라, 프로토콜의 한 부속처럼 기계적으로 움직이고 있었다. 그의 죽음을 막고 있는 것이 아니라, 그의 죽어가는 과정을 방해하고 있는 것은 아닐까.

얼마의 시간이 흘렀을까. 환자의 유족들이 도착했다. 레지던트와 인턴은 이미 다른 환자를 보러 떠났고, 교수님이 담담하게 사망을 이야기했다. 그런데, 가장 충격적인 것은 유족들의 반응이었다. 그들은 울지 않았다. 이미 흘릴 눈물을 다 흘려버린 것일까. 정작 죽음의 소식을 들었을 때, 그들의 얼굴은 무서울 정도로 무덤덤했다. 그 어떤 격렬한 슬픔의 표현도, 원망의 목소리도 없었다. 그저 깊고 고요한 침묵만이 그들을 감싸고 있었다.

그 순간, 설명할 수 없는 어떤 것이 나를 덮쳐왔다. 처음에는 그것이 두려움이라고 생각했다. 유족들의 분노나 슬픔을 마주할 것에 대한 두려움. 하지만 그들은 분노하지도, 슬퍼하지도 않았다. 나의 두려움은 대상을 잃고 허공에 떠버렸다. 그리고 그 자리에, 훨씬 더 근원적이고 섬뜩한 감각이 밀려왔다. 하이데거가 말한 불안이었다. 두려움은 명확한 대상을 갖는다. 그것은 언제나 세계-내부적 존재자한테서 온다. 하지만 나의 불안 앞에는 아무것도 없었다. 나를 위협하는 것은 아무것도 아니고 아무 데도 없는 것이었다. 내가 붙잡고 있던 의료 행위의 세계, 그 모든 절차와 지식의 유의미성이 한순간에 무너져 내렸다. 세계는 완전한 무의미성이라는 성격을 갖는다고 하이데거가 말했던가. 나를 압박해오는 것은 눈앞의 시신이나 슬퍼하지 않는 유족이 아니었다. 그것은 세계-내-존재 그 자체였다. 내가 발 딛고 있던 이 익숙한 응급실이, 이 세계가, 송두리째 낯설어지는 기분. 하이데거는 이것을 집처럼 편안한 세계에 더 이상 머물지 못하는 으스스함이라고 했던가. 바로 그것이었다.

나는 그 불안 속에서 처음으로 나 자신과 정면으로 마주했다. 세인으로서의 의대생이 아니라 이 세계에 내던져진 하나의 단독자로서의 나. 죽음은 더 이상 처리해야 할 사건이 아니었다. 그것은 나의 가장 고유하고, 관계없으며, 결코 뛰어넘을 수 없는 가능성으로 다가왔다. 유족들의 침묵은 어쩌면 무관심이 아니라, 이 근원적인 으스스함 앞에서 모든 세속적 표현을 상실한, 가장 진실한 대면의 방식이었을지도 모른다. 그들은 더 이상 세인이 위로하는 방식으로는 위로받을 수 없는 자리에 서 있었다. 불안은 나를 세인으로부터 단독화했고, 그 단독화 속에서 나는 비로소 나의 본래적 존재 가능성 앞에 섰다. 그 누구도 대신해줄 수 없는 나의 죽음, 그 절대적 고독의 가능성 앞에 벌거벗은 채로 서게 된 것이다.

나는 사유했다. 그것은 의학의 승리를 꿈꾸는 기술적 상상이 아니었다. 오히려 의학의 한계, 그리고 나의 유한성 앞에서 비로소 열리는 실존적 상상이었다. 하이데거는 죽음을 향한 존재야말로 우리를 본래적 실존으로 이끈다고 말했다. 죽음의 가능성을 회피하는 것이 아니라, 그것을 나의 가장 고유한 가능성으로 인수하고 앞서 달려가 보는 것. 그럴 때 우리는 비로소 세인의 지배에서 벗어나 자유로워진다.

죽음을 향한 자유는 죽음 앞에서 모든 것을 포기한다는 뜻이 아니다. 그것은 오히려 죽음이라는 절대적 가능성 앞에서, 지금 여기 나의 상황 속에서 내가 할 수 있는 진정한 행위가 무엇인지를 결단하는 것이다. 그 결단 속에서 우리는 비로소 본래적인 자기 자신이 된다. 하이데거에 따르면, 불안 속에서 우리는 양심의 부름을 듣게 된다. 그것은 세인의 잡담 속에서 잃어버렸던 본래적 자기 자신으로 돌아오라는 침묵의 부름이다. 그 부름에 응답하여, 세인이 제시하는 길이 아닌 나 자신의 길을 선택하는 용기, 그것이 바로 결단이다.

나는 그날 응급실에서 나의 세인-자기가 무너지는 것을 경험했다. 매뉴얼에 따라 CPR을 시행하고, 정해진 약물을 투여하고, 할 수 있는 모든 것을 다 했다고 말하는 의사가 아니라, 하나의 소멸하는 존재 앞에서 어찌할 수 없는 유한자로서의 나를 보았다. 그리고 그 무력감 속에서 역설적으로 새로운 자유를 느꼈다.

의사의 길이란 무엇인가? 그것은 단순히 질병이라는 적과 싸워 생명을 연장하는 기술자의 길이 아닐 것이다. 때로는 그 싸움에서 패배할 수밖에 없다는 것, 모든 인간은 죽는다는 사실을 끌어안는 것에서부터 의사의 본래적 역할이 시작되는 것은 아닐까. 어쩌면 그날 내가 해야 했을 최선은, 기계적인 가슴 압박이 아니라 그저 그의 손을 한번 잡아주는 것이었을지도 모른다. 의사의 역할은 생명을 연장하는 것만큼이나, 한 인간이 자신의 가장 고유하고 관계없는 가능성을 존엄하게 맞이하도록 돕는 것일 수 있다. 그것은 질병의 치료를 넘어, 하이데거가 현존재의 근본 구조라고 말한 염려의 실천, 즉 한 존재의 돌봄으로 나아가는 길이며, 나의 지식이 무력해지는 바로 그 지점에서 시작되는 길이다. 그것은 기술의 영역이 아니라 존재의 영역이다. 이것이 바로 죽음의 불안이 나에게 열어준, 의사로서 다시 펼쳐보는 상상의 나래다.

나는 이제 안다. 호흡이 멎고, 심장이 멎고, 세상의 소음이 사라진 그 고요한 자리에서야 비로소 우리는 가장 근원적인 물음과 그리고 우리 자신과 마주하게 된다는 것을. 그리고 그 마주침 속에서, 기술이 아닌 존재로, 또 다른 존재의 곁에 서는 법을 배우게 된다는 것을. 나의 흰 가운은 이제 질병을 정복하는 빛나는 갑옷이 아니라, 한 유한한 존재가 다른 유한한 존재의 마지막 곁을 지키겠다는, 그 고요한 침묵의 약속이 될 것이다.

권성한

충남대학교 의과대학 의학과 4학년

　어둠과 불안이 뒤섞인 응급실의 한가운데서, 자신에게 던졌던 물음이 이토록 영광스러운 자리로 저를 이끌어 줄 줄은 상상하지 못했습니다. 부족한 글에 귀한 가치를 부여해주신 심사위원분들께 진심으로 감사드립니다. 또한 의학도의 삶에 인문학적 성찰이 중요함을 일깨워주는, 소중한 기회의 장을 마련해주신 주최 측에 깊은 감사의 인사를 드립니다.

　수필 〈불안의 심연에서 발견한 의사의 소명〉을 쓰는 과정은, 의학 지식의 차가운 파도 속에서 길을 잃어가던 나 자신을 돌아보고 의사로서 나아갈 길을 재확인하는 소중한 시간이었습니다. 이 수필에 죽음이라는 가장 근원적인 사건 앞에서 느꼈던 무력감과 불안, 그리고 그 속에서 희미하게 발견했던 의사의 역할에 대한 고민을 솔직하게 담았습니다.

이번 수상은 앞으로 제가 어떤 의사가 되어야 하는지에 대한 지침이라 생각합니다. 단순히 질병의 데이터와 싸우는 기술자를 넘어, 한 인간이 겪어내는 삶의 고통과 불안에 귀 기울이고, 그 마지막 존엄을 지켜주는 동반자가 되겠습니다. 흰 가운의 무게는 단지 의학지식의 깊이에서만 나오는 것이 아님을 기억하겠습니다. 하나의 유한한 존재가 다른 유한한 존재의 곁을 묵묵히 지키겠다는 침묵의 약속으로 여기며, 언제나 환자의 곁에 서겠습니다.

다시 한번, 귀한 상을 주셔서 진심으로 감사합니다. 이 마음 잊지 않고, 끊임없이 배우고 성찰하며 사람을 향하는 의사로 성장해나가겠습니다.

달콤한 사과 내음을
품은 손길

신은서

순천향대학교 의과대학 의예과 2학년
eunses1030@naver.com

야간 아르바이트를 하면서 한동안 번아웃이 온 적이 있었다. 술 냄새를 폴폴 풍기는 취객들과 까칠하고 거친 손님, 매번 진기명기한 행동을 일삼는 손님까지. 세상과 사람에 대한 회의감이 밀려 들어왔다. 그렇게 사람에 대한 피로감이 최고치를 찍을 무렵, 마음의 안정을 찾고자 무작정 할머니 댁으로 찾아갔다. 할머니 댁은 매우 외진 곳에 있어 사람들의 왕래가 적고 주변이 산과 강으로 되어있어 자연 그 자체를 즐길 수 있다. 도시에서 쉬이 들을 수 없는 아름다운 새들의 노래, 항시 자신의 소리를 연주하는 시냇물, 밤하늘에 수놓은 우주의 별들까지. 지친 나에게 있어서 할머니 댁은 마치 천국과도 같은 곳이다. 시원한 마룻바닥에 마냥 누워만 있다가, 할머니는 바삐 일하시는데 나 혼자 빈둥거릴 수만은 없겠다 싶어 할머니를 따라 사과 농사를 돕기로 했다.

5월 말이라 한창 사과꽃이 만개하는 시기를 지나 꽃이 대부분 바닥에 떨어져 있었고, 하얀 꽃잎들을 따라 한 발짝 두 발짝 발을 내딛는 것이 마치 향기로운 눈길을 걷는 것만 같았다. 달콤한 향기에 푹 빠진 채로 걷다 보니 어느새 할머니의 열정이 담긴 과수원에 다다랐다. 내가 해야 할 일은 사과나무에 달린 열매 중 작거나 상태가 좋지 않은 것들을 제거하는 '적과'였다. 사과나무에 달린 열매가 과도하게 많으면 나무에 부담이 가기 때문에 나무가 건강히 자라기 위해서는 적과 과정이 필수이다. 나는 땡볕에서 햇빛을 맞아가며 하나하나 정성스레 열매를 땄고, 어느새 달콤한 사과 내음이 내 손에 스며들게 되었다. 그러다 문득 적과제를 사용하는 화학적인 적과 방법도 있는데 할머니께서는 왜 손으로 직접 따는 손 적과를 고수하시는지 궁금해졌다. 적과제를 쓰면 힘도 들이지 않고 빠르게 끝낼 수도 있을뿐더러, 진드기나 말벌들이 오는 것도 어느 정도 막을 수 있기에 다리가 불편하신 할머니께 적과제를 사용하는 건 어떤지 여쭤보았다. 그러자 할머니는 진지한 표정으로 말씀하셨다.

"손 적과는 자연 모두를 위한 것이야. 자연이 없다면 우리가 사과를 딸 수도 없을 테니까. 나 하나 힘들다고 모두에게 폐를 끼칠 순 없지."

할머니의 한마디에는 엄청난 뜻이 담겨있었다. 애초에 적과의 목적 자체가 나무의 부담을 줄여주기 위함인데 화학물질인 적과제를 사용하면 오히려 나무에 부담을 더 지우는 꼴이 되는 것 아니겠는가. 또, 아무리 적과제를 꽃이 지는 시기에 뿌린다 해도 아직 피어 있는 꽃도 있고 곤충들이 여전히 활동 중일 가능성이 있다. 특히 꿀벌은 사과꽃의 자연수분을 도와 열매가 잘 맺힐 수 있도록 해주는 최고의 친구인데 적과제를 사용한다면 그들의 호의를 배반하게 되는 셈이 되는 것이다. 자연을 위하는 행동을 하면서도 인간 중심적으로 사고한 내가 너무나도 이기적으로 느껴졌다. 나의 고됨과 효율성에 눈이 멀어 생태계에 영향을 줄 뻔했다는 사실에 얼굴이 사과처럼 붉게 물들어갔다.

또, 자연을 위해 아픈 몸을 지녀도 힘듦을 인내하며 손 적과를 고수하시는 할머니의 모습과 아르바이트를 하는 내 모습이 너무나도 대조적으로 느껴졌다. 인력이 부족하다는 이유로 무심하게 적과제를 뿌리는 모습은, 바쁘다는 이유로 사람을 무심하게 대하고 가시를 세우며 일하던 내 모습과도 닮아있었다. 하지만 나를 힘들게 하는 손님이라고 해도 어쨌거나 같은 사회 구성원일뿐더러 바쁘다고 매번 가시를 세우면 다른 사회 구성원에게도 피해가 가게 되는 것인데 나는 이런 중요한 사실을 간과했었다. 이번 기회를 통해 아무리 힘들다고 해도 성의 없이 가시만 세우는 태도는 결국 나를 아껴주는 사람들까지 다치게 할 수 있다는 것을 알았고, 그렇게 나는 할머니가 주신 달콤한 사과 내음을 지니며 다시 아르바이트를 시작하게 되었다. 나를 힘들게 하는 손님은 여전히 많았지만, 나는 할머니께 배운 마음으로 사과 내음을 품은 손을 내밀었다. 그랬더니 놀라운 결과가 나타났다. 상대방도 마찬가지로 내게 감사의 손길을 내미는 것이 아닌가. 내 향기가 제대로 전해졌나 보다. 인사조차도 제대로 하지 않고 매번 자리를 더럽게 쓰던 손님이 이제는 여느 좋은 손님들처럼 달콤한 사과 향을 풍기며 우리 매장의 단골로 자리 잡았다. 하나둘씩 이런 사례들이 늘어나며 나는 따뜻함이 주는 효과에 대해서 몸소 느끼게 되었다.

지금도 나는 그 사과 내음을 잊지 못한다. 누군가의 삶에 조용히 스며드는 손길 하나, 그것이 때로는 상처를 덮어주고, 무거운 고통을 덜어준다. 앞으로 의사가 되어 마주할 환자들의 손을 잡을 때까지도, 나는 그 손끝에 달콤한 사과 내음을 담고 싶다. 사과나무를 아끼는 마음으로 나무의 짐을 덜어주듯 아픈 이들을 위해 불필요한 치료들은 덜어내고, 따뜻한 교감을 통해 더욱 깊이 있게 돌보며 진정성 있는 돌봄을 실천하는 의료인이 되고 싶다. 그들이 겪는 병의 고통 속에서도 '나의 손길'이 위로가 되길 바란다.

그렇게 나의 손에 담긴 내음이 누군가의 내일을 조금 더 향기롭게 만들기를, 서로 다른 이들의 사과 향이 어우러져 화목한 과수원을 이루길 바라본다.

신은서

순천향대학교 의과대학 의예과 2학년

지난 1년 동안 학교를 쉬면서, 제 삶을 어떻게 채워나갈지 참 많은 고민을 했습니다. 누군가는 휴식을 선택하고, 누군가는 여행을 떠나며, 또 누군가는 취미를 즐기며 시간을 보냈겠죠. 저는 그 여러 갈래 중에서 '새로운 도전'을 선택했습니다.

도전은 늘 쉽지 않았습니다. 때로는 고달프고, 때로는 스스로 의심하게 만들기도 했습니다. 하지만 저는 알고 있었습니다. 그 과정을 지나고 나면, 분명히 성장한 제 자신을 마주하게 될 거라는 걸요. 이번 수필공모전은 저에게 있어서 또 하나의 도전이었습니다. 상을 받지 못하더라도 이 경험을 통해 저는 분명히 더 나아질 거라는 믿음이 있었기에, 자신감을 가지고 참가했습니다. 그 결과 이렇게 금상이라는 값진 결과를 얻게 되어 정말 기쁘고, 무엇보다도 제 선택이 틀리지 않았다는 확신을 얻게 되어 뿌듯합니다. 수필이라는 장르를 통해, 제가 겪은 경험과 그 속에서 얻은 깨달음을 글로 풀어내는 과정은 정말 큰 즐거움이었습니다. 앞으로 살아가면서도, 이번 도전은 제게 큰 자산이 될 것이라 믿습니다.

마지막으로, 이 소중한 경험을 할 수 있도록 도와주신 모든 분께 감사의 마음을 전하며, 이 상의 영광을 함께 나누고 싶습니다. 감사합니다.

특별상

생(生)을 겨누며

이석현

부산대학교 의과대학 의예과 1학년

mason0525@naver.com

지루한 장마와도 같은 의정 갈등이 이어지던 작년 7월에 나는 입대를 결심했다. 끝나지 않을 듯한 빗줄기 속으로 한없이 침잠해 가는 나의 무력한 모습을 더는 보기가 힘들어 고른 어쩔 수 없는 동아줄이었다. 주어진 삶을 살아감에 있어 시간의 흐름에 명확한 방향성을 부여하고자 부단히 노력해 왔던 나에게 군 생활은 경험해 보지 못한 낯선 시간의 흐름이었다. 나는 그 묵직한 흐름이 쏟아지면, 쉬이 익숙해지지 못하고 휩쓸려 떠내려가기 일쑤였다. 시간이 조금 더 지나자, 흘러가는 물결을 살펴볼 여유가 생겼다. 자세히 살펴본 물결은 분명 내가 경험해 왔던 것들보다 거칠었다. 그러나 새로웠고 가치 있었다. 물살을 견디는 것이 아니라 발을 담그고 눈을 맞추며 그 속에 나를 투영하고자 마음먹은 순간 거창하진 않지만 분명히, 나의 일상 속, 빛나는 조그만 가치들을 발견할 수 있었다. 어쩌면 매일매일을 버텨내고 있을 여러분들에게 내가 발견한 가치들이 작은 위로가 될 수 있길, 그리고 자신의 가치를 찾을 수 있는 여유의 시작이 되길 간절히 바란다.

가치를 발견하는 일은 낯선 물살 속에 담근 손에서 작은 가재가 얹혀 나오듯 특별한 행운처럼 다가온다. 나에게도 군 생활의 가치는 그러한 방식으로 찾아왔다. 어느 가을날, 첫 병기본진급평가를 보는 날이었다. 체력 측정, 화생방, 전투 부상자 처치 등등 모든 과목이, 처음이었기에 느낄 수 있는 특유의 두근거림으로 다가왔다. 그중 가장 특별한 떨림은 사격이었다. 민간인의 나와 군인의 나를 구분 짓는 경계선 하면 떠오르는 몇 가지 추상적인 개념들, 구체적인 사물들이 있었다. 그 중, 사격이라는 개념과 화기라는 사물은 내 마음속 어딘가 별난 구석을 차지했다. 그렇기에 18발, 특급의 성적은 나에게 어떠한 계시와 같은 목표로 다가왔다. 지금의 시점에서 곰곰이 생각해 보면 나는 특등 사수라는 일종의 징표를 통해 내가 군 생활에 잘 녹아들고 있음을, 다른 누군가가 아닌 나 스스로에게 증명하고 싶었던 것 같다.

둥근 구름이 보기 좋게 파란 가을하늘을 꾸며놓은 날, 나의 첫 번째 연습 사격 날이었다. 긴장되는 마음을 쫓으려 일부러 더 큰 소리로 사로를 외치고 입장하던 내가 떠오른다. 사로에 입장하고 바라본 사격장은 너무 넓은 나머지 내 시야를 파란 가을하늘과 황토색의 척박한 사격장이 양분했다. 광활한 사격장과 대비되는 유난히 작게 보이는 표적이 날 불안하게 만들었다. 잔뜩 긴장한 채 100m 표적을 향해 격발한 나의 첫 번째 탄두는 표적 아랫바닥과 충돌하며 요란한 흙먼지를 일으켰다. 하탄이었다. 나는 분명 제대로 조준했는데 스스로 길을 잃어버린 것만 같은 탄두가 야속했다. 당황한 나의 심리를 투영하듯 총구는 바쁘게 표적을 쫓으며 이리저리 흔들렸고, 탄두는 사수의 애타는 감정은 모르고 제 갈 길을 갔다. 결과는 20발 중 12발, 나의 목표와는 거리가 먼 너무나 아쉬운 결과였다. 하루의 시작부터 특등 사수라는 목표에 한껏 고무되어 높은 곳을 바라보던 나와 야속하게 땅바닥에 박혀 먼지를 일으키던 탄두의 이미지가 자꾸만 머릿속에서 뒤엉켜

속상했다.

시간이 흘러 둥근 방울 구름 틈으로 붉은 노을이 스며드는 저녁이 되었다. 나는 뒤엉킨 감정의 실타래를 풀어 보고자 했다. 이런저런 생각을 하던 도중 문득 표적을 조준하고 격발하는 일련의 사격 행위가 삶과 닮아있다는 생각이 들었다. 한 치 앞을 내다볼 수 없을 정도로 넓고 깊은 한 인간의 생애는 광활한 사격장의 대지에 대응한다. 50m, 100m, 200m의 표적들은 그 우주와 같은 인생을 살아가며 마주치게 될 이루고 싶은 목표들이다. 사수가 된 나는 단순한 나 자신이 아니다.

3차원의 우리는 2차원의 모든 존재를 내려다보듯, 사수가 된 나는 사격장이라는 우주에 속한 것이 아닌 광활한 인생을 바라보며 나의 목표들을 직접 확인하고 그들을 겨눌 수 있는 고차원의 존재가 된 것이다. 따라서 사수로서의 나는 내 인생의 모든 목표를 정면으로 응시할 드문 기회를 맞이한 셈이었다.

오늘 나는 이 기회를 어떻게 맞이했던가. 뜨겁기만 한 나의 열정은 그 형체를 가누지 못한 채 마음대로 흘러나와 격렬한 강박이 되어버렸다. 뜨거운 불만 가지고선 맛있는 요리를 만들 수 없다. 그것이 필요한 만큼의 열을 가질 수 있도록, 그것을 유지할 수 있도록 도와주는 무언가가 필요하다. 단단하고 차가운 화로가 바로 그 역할을 한다. 화로는 단단한 벽으로 불길을 몇 번이고 제압하며 불길이 원래의 자리로 돌아가 목적에 부합하는 목표에 그것의 손을 뻗칠 수 있도록 도와준다. 화로의 벽과 불길의 손길이 서로 조화를 이루는 순간 불길은 비로소 열정이라 불리며 화로는 단단한 정신이 되어 맛있는 요리 즉 어떠한 성취를 탄생시키는 것이다. 그날의 나는 화로 없는 무모한 불길이었다. 사선에 들어서는 순간 제멋대로 타오르고 있던 나의 불길은 첫 번째 표적이 빗나가는 순간 당혹감에 그 손을 이리저리 뻗쳤다. 불길은 그대로 나의 전신을 장악하여 모든 신경과 세포에 불길을 퍼뜨렸다. 그 뜨거운 혼돈 속에서 나의 손가락은 방아쇠를 흔들었고, 결국 기회를 다 태워버렸다. 엉켜버린 감정의 실타래가 하나둘 풀린 듯했다. 나의 강박을 열정으로 전환할 준비물이 확실한 준비 태세와 냉정한 정신이라는 결론을 내렸다. 둥근 방울 구름이 달빛을 머금고 지나가며 이따금 다시 내뱉어 비추어주었다.

다음날, 구름이 많은 꽤 흐린 날이었다. 실사격 평가 날이었다. 어제 너무 많은 생각을 해서 그런지 머리가 조금 아팠다. 애써 침착하려 노력했지만, 긴장감은 여전했다. 여러 번 심호흡하니, 긴장감이 달아나기보다 그것이 온전히 나에게로 흡수되어 나의 일부가 된 듯했다. 조금은 편안했다. 사격장에 올라가 사로를 크게 외치자 기묘한 자신감이 마음속에 살짝 고개를 내밀었다. 깊게 들이마시고 내뱉던 호흡이 약간 얕아졌다. 천천히 표적을 확인했다. 넓은 사격장 속 표적의 크기와 위치가 자연스러웠다. 정확히 그 크기와 그 위치가 당연한 듯 느껴졌다. 사대의 높이를 조절했다. 손날로 눌러 부드러운 U자 홈을 사대에 만들었다. 홈에 거치한 총기는 지면과 평행했다. 개머리판을 당기고 어깨는 밀어 총기를 견착했다. 개머리판의 홈과 어깨 홈이 서로 호응했다. 편안한 자세였다. 가늠자의 중심과 가늠쇠의 중심을 일치시켰다. 둥근 두 구멍이 어젯밤 둥근 구름, 둥근 달을 연상시켰다. 탄알집을 끼우고 탄알을 장전했다. 조정간을 단발에 위치시켰다. 호흡은 너무나 편안했다. 손가락은 떨리지 않았다. 가늠쇠 선단 끝부분을 가져다 댄 100m 표적은 역시나 자연스러워 보였다. 방아쇠를 당겼다. 표적이 넘어갔다. 목표는 단순해졌다. 피하거나 조급해하지 않고, 지금 눈앞에 올라온 하나의 표적에만 집중했다. 하나씩… 하나씩…

　마지막 표적을 쏠 때 그렇게 크던 총소리가 들리지 않았다. 그 순간에는 오직 나와 50m 표적, 그리고 총기만 있었다. 그뿐이었다. 3사로 만발. 중앙통제관이 외쳤다.

　참고 있던 숨을 뱉자, 피곤하고 몽롱했다. 사대 위의 기울어진 총기를 좌로 비껴들었다. 총구는 하늘을 바라보고 있었다. 나도 같은 곳을 바라보았고, 하늘은 여전히 약간 흐렸다. 사로를 크게 외치고 통제탑을 돌아 뒤편으로 퇴장했다. 뒷문을 통과하고 왼발을 내딛는 순간 긴 꿈에서 깨는 듯했다. 턱이 낮은 사격장 계단을 하나하나 내려가자 눅눅한 머릿속 안개가 조금씩 걷혔다. 돌바닥을 얼마간 걸어 막사로 복귀하는 버스를 탔다. 자리에 앉아 총기를 돌려매고 창가를 바라봤다. 버스 창에는 오랜만에, 성취에 감격하는 내 표정이 보였다. 창 속의 나와 눈을 맞추었다. 살아가며 언젠가, 온 마음을 다해 한 사람의 생명을 조준할 내가 떠올리고 싶은 나의 모습이었던 까닭이다. 언제라도 기꺼이 숨을 참고 방아쇠를 당기던 그 가을날의 사수가 되어 온 정성을 다해 생명을 조준하리라고 다짐했다.

특별상 수상소감

이석현

부산대학교 의과대학 의예과 1학년

부족한 글 좋게 봐주셔서 진심으로 감사드립니다.

저는 이번 글을 통해 20살의 제가 군 생활을 하며, 삶을 대하는 자세에 관하여 치열하게 고민한 흔적과 그에 대한 나름의 결론을 사격이라는 주제를 통해 드러내 보고자 하였습니다.

인생에서 20대는 자주 과장되고 미화되곤 하지만 우리 삶에서 분명 특별한 의미를 지닌다는 것은 부정하기 어려울 것입니다. 저는 그 특별한 20대의 문을 열어젖히는 20살에 군에 입대했습니다.

처음 해보는 각종 작업, 훈련에 누구보다 최선을 다했습니다. 입대하기 전, 군 생활은 중간만 가라, 최선을 다할 필요가 없다는 무수한 조언에도 온 힘을 다해 군 생활에 임했습니다. 언젠가 긴 시간이 지나고 떠오를 이 '젊은 날의 초상'이 어렴풋한 무채색이 아닌, 서툴지만 강렬한 색채로 칠해져 오래도록 뚜렷한 의미로 삶에 새겨지길 바랐기 때문입니다. 제가 몸으로 느끼고 배운 군 생활의 의미를 활자로 보이는 것은 전역하기 전 꼭 이루고 싶은 버킷리스트였습니다. 이번 수필공모전을 통해 그 작은 소망을 이루어 정말 기쁩니다.

　좋은 기회를 마련해주신 한국의사수필가협회와 모든 관계자분께 감사드립니다.
　끝으로 항상 저를 응원하고 사랑해주는 우리 가족들, 그중에서도 소설 읽는 재미와 시적 표현의 아름다움을 어릴 때부터 알게 해주신 어머니께 깊은 감사의 인사를 전하고 싶습니다.

은상

야간비행

오재용

전북대학교 의과대학 의학과 1학년
jyoh2800@gmail.com

나는 중력을 잃었다.

온 세상은 순식간에 밤으로 내려앉았다. 의학(醫學)이란 작열하는 태양을 좇던 나는 더는 낮에 머물지 못했다. 이카로스의 날개가 녹아내릴 때의 당혹스러움이 실습복을 벗고 병원 밖을 나갈 때야 비로소 내 안에 스며들었다. 영원할 것 같은 밤. 어디로든 갈 수 있을 듯했지만, 도무지 어디로 향해야 할지 알 수 없었다.

별과 은하수가 비추는 곳으로

그 무렵, 나는 텅 빈 우주를 표류하고 있었다.

유일하게 보였던 것은 저 멀리 변함없이 한자리를 지키는 별 하나, 할아버지라는 나의 항성(恒星)이었다.

"할아버지께서 위독하시다."

패혈증이란 먹구름이 내 밤하늘을 덮쳤다.

굳게 닫힌 중환자실 문 너머로, 할아버지는 가느다란 숨을 잇고 계셨다. 심전도 모니터의 녹색 불빛이 깜빡일 때마다, 저기 어딘가에서 별이 신호 보내는 것 같았다. 나는 너무나 무력했다. 고작 의사의 몇 마디를 이해할 수 있었을 뿐, 아무것도 아니었다.

캄캄한 우주 한복판에서, 처음 겪어보는 거대한 상실감을 마주하고는 무엇도 할 수 없었다. 그래서 나는 할아버지를 향해 필사적으로 나아갔다. 내 별이 만드는 안락한 그 품 안으로. 그곳에 들어서자 혼란스럽던 내 맘이 고요해졌다. 그리고 할아버지 주위를 강물처럼 흐르는 거대한 은하수를 보았다.

"제멋대로인 내 기도를 들어주지 않으셔도 괜찮습니다. 다만 평생 당신만을 바라본 이를 위하여 부디 한번만 그 별빛을 거두지 말아주소서."

내 기도는 작은 빛이 되어 그 은하수로 흘러 들어갔다. 그러다 떠오르던 기억—예닐곱 먹은 내가 그의 억세고 따뜻한 손을 붙잡고 처음 성당에 들어섰던 날—작지만 씩씩하게 노래를 부르고 그를 향하면—스테인드글라스를 통과한 오색빛깔의 햇살과 그의 따스한 미소—할아버지는 늘 내가 따뜻한 햇살처럼 사람들을 비추길 응원하시던 분이셨다.

기적처럼, 나의 별은 빛을 되찾았다. 은하수의 기도들이 모여 먹구름을 걷어낸 것만 같았다. 매일 병실에서 어린 시절 내가 부르던 묵상곡을 할아버지께 들려드리곤 했다. 그 노래가 흐를 때면, 할아버지는 희미하게 웃으시며 이야기하셨다. 나의 별은 그렇게 다시 눈을 떴다. 그리고 그 빛이 가리키는 은하수 저편에, 또 하나의 별이 나를 기다리고 있었다.

별과 별 사이 거리

그 별은, 거대한 은하수에서 만난 머나먼 별이었다. 나는 잿빛처럼 숨 가쁜 도시에서, 그녀는 나무같이 푸르고 굳센 숲에서 왔다. 우리는 서로가 다른 궤도의 별임을 너무나 잘 알고 있었다. 하지만 어느 초여름 늦은 오후, 한적한 산책길에서 나는 그 풋여름 색의 눈 위로 손을 들어 선선한 햇살을 가려주었다. 그 눈부신 찰나, 우린 서로의 궤도를 스치며 불탔다. 촉촉하게 내리는 여름 빗방울 속에 마주 잡은 손, 밤늦게 나누는 서로의 꿈. 그 어디든 망설임 없이, 숨 닿을 만큼 가까이, 빛을 서로에게 기꺼이. 찬란하고 거룩한 밤, 반짝이는 은하수 아래 우리는 늘 함께였다.

그러나 늘 불안했다. 언젠가 맞닥뜨릴 낮의 시간이 두려웠고, 그녀의 빛을 분명히 가릴 것이었다. 그럴수록 더 뜨겁게 빛나려 애썼고, 그 열기는 그녀를 숨 가쁘게 만들 뿐이었다. 그렇게, 우리는 서로가 앓던 미열(微熱)의 끝에서 마침내, 서로를 비추던 빛을 거두었다. 나는 사랑이란 모든 걸 쏟아붓는 거라 믿었다. 하지만 그날 이후, 나는 알았다. 빛에도 때론 거리가 필요하다는 것을. 그 후로도 각자의 궤도에서 잔잔하게 반짝이는 별들을 참 많이도 만났다. 다만, 나는 이미 어떤 별도 끌어당길 인력(引力)을 잃은 채, 식어버린 밤하늘을 맴돌 뿐이었다.

천사들의 별빛

그렇게 나는 아무 빛도 내지 못한 채, 어둠 속을 헤매고 있었다.

그러던 날이었다. 해가 넘어간 어느 초여름, 일 년 전 내가 남기고 온 순수한 파동(波動)이 그 끝에서 내게 닿았다. 나는 다시 별 무리 앞에 섰다. 산골짜기 작은 중학교, 내 한때 지나왔던 그 시절을 살아가는 천사 같은 별들. 아이들은 나를 발견하자 혜성처럼 빠르게 다가왔다.

"선생님은 어디서 오셨어요?"

작은 은하수를 품은 듯한 반짝이는 눈동자들. 우리는 그 작은 학교 복도에서 따라 걸으며 아이처럼 재잘거렸다. 누군가는 선생님이 되고 싶다고, 누군가는 아픈 할머니를 낫게 하고 싶다고. 난 화답으로 샛별들에게 '세상을 밝히는 큰 별 이야기'를 들려주었다. 그리고 늘 뜨겁게 타오르는 것만이 아니라, 은은하게 비추는 법도 있다고.

"우리도 언젠가 그런 별이 되고 싶어요."

헤어질 무렵 한 아이가 말했다. 그 순수하고도 찌르는 선언(宣言)에, 오랫동안 굳어있던 내 안의 핵(核)이 뜨뜻하고 울렁이었다. 난 그 빛을 담는 큰 별이 될 사람일까?

며칠 후, 같이 학교에 방문했던 대학생들과 바다에 갔었다. 아이들 이야기와 함께, 사회 초년생들의 진지하고 소소한 일상을 나눴다. 오랜만에 나는 그 안에서 여느 스물다섯의 청년이 되어있었다. 그 새벽, 밤하늘이 아니었다. 쏟아져 내리는 별들의 바다였다. 모두 저마다의 궤도로 헤엄치며 나름대로 빛나고 있었고, 하늘은 그런 별들이 가득 찬, 참 아름다운 곳이었다. 나도 이들과 같이 밤하늘을 밝히고 싶었고, 같은 꿈을 꾸고 싶었다. 그러나 가슴 한 칸이 타들어 갔다. 이 소중한 시간이, 내겐 언젠가 끝나야 할 밤이란 사실이 가슴을 후벼팠다. 돌아오는 길. 하늘에선 비가 서글피 내렸다.

새벽을 비추며

그러나 마침내 동이 트고 있었다. 주위 별빛들은 희미해지고, 한때 그 뜨거웠던 태양으로 다시 당겨지고 있었다. 하지만 나는 이제 다르다. 그 긴 밤을 견딘 나는 단순히 끌려가지 않는다. 내 안의 모든 상실과 사랑의 파편들을 연료 삼아, 스스로 타오르는 별이 되어 누군가의 밤을 비추리라. 언젠가 올 따뜻하고 찬란한 밤을 약속하며, 이 새벽하늘 가장 높은 곳으로, 나는 다시 태양을 향해 날아오른다.

오재용

전북대학교 의과대학 의학과 1학년

좋은 상을 주셔서 감사드립니다.

1년 반을 의과대학 밖에서 지내면서, 느낀 경험들과 성찰들을 제 나름대로 정리하고 싶은 마음이 분명 있었습니다. 특히나 복학을 앞둔 시점에서 그 마음은 너무나 커지더라고요. 뭔가 많은 일들이 있었는데, 그것들을 잘 갈무리하고 싶었습니다. 그러던 어느 날에, 여느 날처럼 아침에 운동하다가 영감이 팍! 와서, 글을 쓰기 시작했습니다.

이번 작품은 8월에 복학하고 시험 기간 도중에 준비했기 때문에, 퇴고를 많이 못 해서 아쉬움이 있습니다. 그럼에도 시험 기간에 이런 딴짓(?)을 한다는 게 굉장히 즐거웠습니다. '얼른 공부를 마무리하고 글을 마무리하고 싶다!' 그런 생각들로 나름 그 시간을 행복하게 지낼 수 있었습니다.

다만, 글이 초반에 너무 추상적으로만 써져서, 어느 정도의 구체성을 갖고 표현해야, 읽기에 편안할지 고민했었습니다. 저는 시적이고 비유적인, 둥둥 떠다니는 글을 좋아하는데, 이번 공모전은 수필이었죠. 제 경험을 얼마나 구체적으로 표현해야 할지, 그리고 어떤 적절한 의미를 입힐지, 형식에 맞게 제시하는 게 참 어렵더라고요. 초반 원고를 룸메이트가 봐주고 따끔하게 얘기해준 덕분에 여기까지 온 것 같습니다. 그렇지만 다시 봐도 참 모호하게 쓴 부분이 많아서 아쉬움이 큽니다. 계속 써보면 나아지겠죠, 하하.

이 수필을 내며, 그간 긴 비행이 일단 마무리된 것 같네요. 조금은 부끄럽고 아쉬움이 많은 시간이 담긴 글이지만은, 이렇게 글로 남기며 조금이라도 성장한 경험이 되었길 바랍니다. 그리고 사람을 위하는 의학을 할 수 있는 사람이 되었으면 합니다. 바쁜 와중에도 제 생각과 느낌을 글로 옮기고 기억하는 사람이 되어보겠습니다. 다시 한번 감사드립니다.

은상

누워서 떠난 여행

고유미

순천향대학교 의과대학 의학과 2학년
koym0808@naver.com

이번 여행에는 여권도, 짐도 필요하지 않았다.

출발지는 병원 응급실. 좌석은 침대, 그리고 나는 여행자가 아닌 환자였다. 방학이 시작되면 어딘가로 떠나곤 했던 나는, 이번엔 조금 다른 여정을 택하고 싶었다. 늘 책상 앞에 앉아 지낸 시간 속에서 무언가를 '느끼는' 경험이 간절했기에, 평소 관심 있었던 클라이밍에 도전하기로 했다. 벽을 마주한 첫날, 두려움은 있었지만 한 걸음씩 오를수록 '생각보다 별거 아니네'라는 자신감이 생겼다. 후들거리는 팔을 달래며 손을 뻗던 순간, 홀더를 잡지 못하고 손이 미끄러졌고, 나는 공중을 날았다.

그 짧은 추락이 내 시간 전체를 멈춰 세웠다. 허리를 정통으로 부딪히는 순간, 전신으로 퍼지는 고통은 말로 표현할 수 없었다. 늘 듣던 앰뷸런스 소리. 그날은 내가 실려 있었다. 덜컹거림 하나하나가 신경을 찌르고, 속이 울렁이고, 눈물은 참을 수 없이 흘렀다. 방지턱을 넘을 때마다 허리에서 비명이 새어 나왔다. 움직이지 못하는 몸은 낯설고 무서웠다. 낯선 천장과 삐걱대는 바퀴 소리, 그 안에 실려 가는 나 자신은 너무도 무기력했다.

응급실은 내가 알던 공간이 아니었다. 문진, 활력 징후, 조영제, MRI, 요도 카테터―모두 교과서에서 익숙했던 단어들. 하지만 내 몸을 통과하는 그것들은 전혀 다른 느낌이었다. 조영제가 들어갈 때의 싸한 통증, 진통제의 부작용, 누운 채 토하는 수치심, 기저귀에 소변을 보는 당황스러움. 의학은 지식이 아니라 감각이었다. 몸으로, 마음으로 겪을 때야 진정한 배움이 시작된다는 걸 느꼈다.

입원 후 나는 철저히 '작아졌다'. 알약 하나도 혼자 삼키기 어려웠고, 양치를 해도 물을 뱉지 못했으며, 다리의 감각 하나에 밤을 새웠다. MRI 결과, T11-T12의 방출성 골절이 확인되었다. 조금만 움직여도 척수를 누를 수 있는 위험한 상태. 치료는 오직 '가만히 누워 있기'였다. 그 여행의 방식은 움직임이 아닌 정지였다. 누워 있는 동안 가장 힘들었던 건 시간이었다. 아무것도 하지 않고 흘러가는 하루는 견디기 어려웠고, 작은 통증 하나에도 온 신경이 쏠렸다. 눈앞의 시계는 빠르게 흘러가지만, 내 시간은 멈춘 채였다. 식사, 회진, 검사 결과를 기다리며 하루를 보냈고, 그 안에서 점점 내면이 마모되어 갔다.

병원에서의 삶은 '기다림'으로 가득했다. 검사 결과를, 의사의 회진을, 엑스레이 판독을, 식사를, 배변을, 아침이 오는 것을 기다렸다. 하지만 가장 간절했던 기다림은 '마비가 아니기를' 바라는 마음이었다. 밤마다 다리 저림에 잠들지 못하고, 스스로 허벅지를 꼬집으며 감각을 확인했다. 침대 위에서 오직 두 다리의 감각에만 집중하며 시간을 버티던 그 밤들. 의사 선생님의 "괜찮을 거예요."라는 말만이 나를 붙들어 주었다.

3주 후, 침대 머리맡이 조금씩 올라갔고 세상이 돌기 시작했다. 앉는 것조차 훈련이었고, 걷는 것은 더더욱 먼 이야기였다. 처음으로 침대에서 벗어나 앉았을 때, 가슴이 조이고 온몸이 휘청거렸다. 그러다 드디어 링거대를 한 손에, 엄마

손을 다른 손에 잡고 복도를 걸었다. 병원 복도 끝까지 몇 걸음 걷는 것이 마치 산을 오르는 일처럼 느껴졌다. 어지럽고 불안했지만, 그날의 걸음은 두려움을 딛는 첫 발걸음이었다. 나는 여전히 환자였지만, 다시 서고 있었다.

그 여행에서 돌아온 나는, 이전과는 달라졌다. 병원 침대 위에서 바라본 의사 선생님의 모습은 학교에서 봐왔던 교수님과 달랐다. 한마디의 말, 한 번의 미소, 잠깐의 침묵이 환자에게 얼마나 큰 영향을 주는지 온몸으로 느꼈다. 내가 작아질수록 의사는 더 크게 보였다. 그들이 잠깐 고개를 돌려 차트를 들여다보는 동안에도 나는 그 눈빛 하나에 의미를 부여했다. 의사의 망설임, 짧은 한숨, 혹은 "잠시만요…"라는 말은 나에게 수많은 상상과 불안을 가져왔다. 환자는 의사의 말을 듣는 사람이 아니라, 그 말 사이의 공백을 견디는 사람이라는 걸 처음 알았다. 그래서 다짐했다. 그 공백의 무게를 아는 사람으로서, 의학보다 사람을 먼저 보고, 그 고요한 불안을 함께 견뎌주는 의사가 되고 싶다고.

의사가 된다는 건, 단지 의학을 공부하고 치료법을 외우는 것이 아니라, 누군가의 가장 연약한 순간을 함께 견디고 그 마음을 이해하는 일이라는 걸 그 침대 위에서, 그 수많은 기다림 속에서, 나는 처음으로 깨달았다.

누워서 떠났던 이 여행은 육체의 고통만 남긴 것이 아니었다. 나는 움직일 수 없었지만, 마음은 멈추지 않고 자라고 있었다. 무력감 속에서 타인의 손길을 기다리며, 말 한마디에 하루를 견디며, 나는 환자의 눈으로 세상을 바라보았고, 비로소 의사의 길을 새롭게 그리게 되었다.

이 고통은 나를 무너뜨리는 것이 아니라, 다시 시작할 수 있는 방향을 가르쳐 주었다. 그리고 그 방향은 내가 생각했던 것보다 훨씬 더 넓고 깊은, '사람을 위한 의학'이라는 길 위로 나를 데려다주었다.

어쩌면 이것은 내가 지금껏 떠났던 어떤 여행보다 가장 아프고도 깊었으며, 가장 조용하고도 먼 여정이었는지도 모른다. 그리고 그 끝에서 나는 다시 걷고, 다시 배우고, 진짜 나의 길을 찾아가고 있다.

고유미

순천향대학교 의과대학 의학과 2학년

이번 수상 소식을 들었을 때, 가장 먼저 떠오른 것은 병원 침대 위에서 바라보던 낯선 천장과 그 위로 흘러가던 수많은 시간이었습니다. 사실 글을 쓰게 된 계기는 거창한 것이 아니었습니다. 다만 제 몸을 스스로 움직일 수 없었던 그 순간들을 기록으로 남기고 싶었습니다. 그런데 그 글이 누군가에게 닿고, 공감을 얻고, 이렇게 돌아오게 될 줄은 전혀 예상하지 못했습니다. 그래서 이번 수상은 제게 그 어떤 성취보다도 특별하게 다가옵니다.

움직이지 못했던 시간 동안 제가 가장 깊이 마주한 것은 통증이 아니라 기다림이었습니다. 검사 결과를 기다리고, 회진을 기다리고, 회복을 기다리는 그 끝없는 시간 속에서 불안이 마음을 파고들 때, 누군가의 한마디와 미소가 얼마나 큰 위로가 되는지 비로소 알게 되었습니다. 글을 통해 저는 그때의 저를 다시 한번 마주하며 다독일 수 있었고, 동시에 의사가 되고자 하는 한 사람으로서 어떤 마음을 품어야 하는지 스스로 묻고 답하게 되었습니다.

글을 읽어 주시고 공감해 주신 모든 분께 진심으로 감사드립니다. 더불어, 병상에서 함께 시간을 견뎌준 가족과 의료진, 그리고 그때의 경험이 지금의 저를 성장시켰음을 잊지 않게 해준 이 상에도 감사드립니다. 앞으로도 사람을 향한 따뜻한 시선을 잃지 않고, 글이든 의학이든 누군가의 삶에 작은 위로와 힘이 될 수 있는 길을 걸어가고 싶습니다.

비틀린 동기

김근희

차의과대학교 의학전문대학원 의학과 3학년

dlwlshstnf@naver.com

유난히 추웠던 1월 어느 주말 저녁. 나는 서울역 안, 복작복작한 한 진료소에 앉아 있었다. 투박한 분위기가 물씬 나는 이곳을 찾은 사람들 손에 약을 쥐여 주며 마지막에는 "이번엔 약 빼먹지 말고 꼭 드세요."라는 당부의 말을 습관처럼 덧붙인다. 몇 시간에 걸쳐 복약지도를 마치고 나니 목에 닿은 찬 공기에 이내 통증이 찾아왔다.

'괜히 왔나….'

다음날부터 며칠간 심한 몸살감기를 앓고 나서 너무 추운 겨울에는 오지 말아야겠다고 다짐했다. 내가 봉사를 나가는 마음은, 서울역 안으로 불어오는 차가운 바람 정도에 쉽게 부

서져 버리는 마음, 딱 그 정도 크기였다.

　봉사활동에 처음 재미를 붙인 것은 학부 시절 농촌 활동과 우즈베키스탄으로 봉사를 다녀오면서부터였다. 대단한 봉사 이력이 있는 것은 아니지만, '봉사'라는 거대한 퍼즐에 소소한 시간의 조각들을 맞춰가며, 그 미완성 퍼즐이 갖는 의미를 스스로 정의하게 되었다. '봉사'란 베푸는 성질이 강하다고 느꼈던 시간을 지나, 서로 삶에 녹아드는 일이라 여기게 되었다. 누구인지 모른 채 스쳤을 인연과 내가 살아온 시간을 나눌 수 있다는 사실이 가치 있게 느껴졌다. 어디에서도 배울 수 없었던 그 가치는 어떠한 동기보다도 강력했다.

　그러나 의학전문대학원 진학 후 알 수 없는 강박에 시달리며 '의과대학 학생이면 의료 봉사 시간은 채우는 것이 도리이지. 나중에 언제 유용하게 쓰일지 모르잖아.'라는 생각이 들기 시작했다. 그 누구도 요구하지 않은 의무감으로 봉사활동을 나가던 어느 시점부터, 내가 학부 시절 찾았던 봉사의 의미는 볼품없이 퇴색되었다. 이제는 누군가와 삶을 나눈 것에 의미를 두기보다는 그저 내가 조금 나은 사람이 되었다는 부끄러운 자존감, 성적표도 아닌데 쌓여가는 봉사 시간을 보며 마침내 뿌듯해지는 부끄러운 성취감만 남았을 뿐이다. 이쯤 되니 딱 아쉽지 않을 정도로만 도움이 필요한 어느 장소에 드문드문 발걸음을 내밀게 되는, 도움이 필요한 불특정 다수에게 손을 내밀게 되는 그 비틀어진 동기가 무엇인지 나조차도 이해가 되지 않았다.

비틀린 동기는 아쉬운 인연들을 맺어주곤 했다. 이곳저곳 봉사활동을 다니다 보면 일면식도 없는 사람들을 여럿 마주하게 되는 일이 다반사이다. 그렇게 생성된 당신과 나 사이에 낯선 공간 속에서 온기를 발견하기까지는 수 시간이 채 걸리지 않았다. 항상 그랬다.

"좋은 일 하십니다. 새해 복 많이 받으세요."

"선생님 같은 분들이 계셔서 병원 올 때마다 마음이 얼마나 편한지 몰라요."

"늘 감사해요."

종종 익숙한 사람보다 낯선 사람이 건네는 말의 힘이 더 강하다고 느낄 때가 있다. 감사하다는 단순한 문장이 그렇게 따뜻한 언어인 줄 처음 알았으니까. 같은 새해 인사라도 진료소 환자로부터 새해 인사를 받았을 때는 정말이지 근사한 새해가 펼쳐질 것만 같은 기분이 들곤 했으니까. 짧은 대화가 오가는 그 찰나의 시간 동안 다시 평생 못 볼지도 모르는 사람과의 연이 유독 아쉽게 느껴졌다.

비단 봉사활동뿐만 아니라, 외부 병원 실습으로 형성되는 관계에서도 비슷한 감정을 느끼고는 했다. 2주 남짓의 실습 동안 한 명의 환자를 만나 대화를 일정 시간 이상 나누다 보면, 짧은 실습 기간이 끝나고 이 환자가 더 호전되는 모습을, 그리고 앞으로 당신이 살아갈 삶을 지켜보지 못하는 것이 아쉽게만 느껴졌다.

"시를 쓰는 것만이 내 인생의 유일한 행복이야."

재택의료 실습 중 만난 어느 췌장암 4기 환자였다. 아니, 시인이었다. 방문 진료를 통해 만났던 그 시인은 손의 근력이 떨어져 시를 쓰지 못하고 있었다. 과거에 집필하신 시집에 멋진 인장을 쿡 찍어주며 투병 기간 중 완성한 시집이니 꼭 읽어보라며 나에게 내미셨다. 그 시인의 새로운 시집이 완성되었을 때 직접 받으러 올 수 있을지 알 수 없는 기약 없는 기다림 속에서, 나는 손에 잡힌 시집만 괜스레 다시 한번 매만지게 되었다. 벚꽃 질 땐 여전히 봄인데도 울적한 마음이 들더니, 벚꽃이 만개하는 순간이 짧기 때문이라 생각했다. 그리고 나를 스치는 짧은 인연이 유난히 아쉽게 느껴지는 것도 같은 마음일까 싶었다.

그렇게 짧은 인연으로 스친 사람들은 결국 나에게 강한 흔적으로 남게 되었다. 친절함과 따뜻함이 담긴 몇 가지 문장은 가슴 깊이 자리 잡아, 오랜 시간 머릿속을 맴돌게 되었다. 봉사활동이 '나의 이타심에 대한 우월감을 드러내기 위한 행동일 뿐이었나'라는 생각으로 자괴감이 들었을 때, 아직 온기가 남아 있는 그 문장들이 나의 비틀린 동기도 하찮지 않다고 말해주는 것 같았다.

한때는 그 문장들이 종종 살아갈 동력을 주기도 했다. 길게 느껴졌던 작년 한 해 동안 무기력함에 헤매고 있을 때, 나는 낯선 장소, 낯선 사람으로부터 지금 나에게 주어진 순간을 가득 채워야 할 동기를 찾게 된 것이다. 나의 비틀어진 공간을 채워주던 말들은, 내가 받았던 소중한 마음을 곱절로 돌려주고 싶다는 마음으로 자리 잡게 되었다. 그때부터 나는 다시 봉사활동을 하며 타인과 공유한 시간과 대화에 다시 깊은 의미를 부여하기로 했다. 당신이 이곳에서 나를 만나기 전까지의 삶을 외면하지 않기로 했다.

나는 또 서울역을 찾았다. 그렇게 봉사의 이름을 빌려 또 다시 환자 앞에 발걸음을 멈추고 말았다. 투박한 그 장소에서 우리가 주고받은 것은 진료나 약 봉투, 그 이상의 의미가 분명히 있었다.

비틀린 동기로 유발된 나의 행동에, 당신의 따스한 마음이 섞여 그 속에서 함께 아름다움을 목격할 수 있길. 나도 비슷한 크기를 가진 마음을 다시 돌려줄 수 있는 사람이 될 수 있길.

김근희

차의과대학교 의학전문대학원 의학과 3학년

    어느 순간부터 인생의 많은 부분을 잊고 산다는 생각이 들어 기록을 시작했습니다. 사진으로 남기는 것을 좋아했었는데, 사진만으로는 세세한 감정들이 기억나지 않아 일기를 쓰기 시작했습니다. 글은 저의 사소한 감정을 기억하기에도, 아무도 들여다보지 않을 진솔한 생각을 정리하기에도 좋은 수단이 되었습니다.

    특히 작년 한 해는 많은 감정을 느꼈던 시간이었고, 정리되지 않은 감정들이 마음속에 쌓이는 것이 버겁다고 느껴 더욱 촘촘히 기록하며 마음의 소리를 글로 옮겼습니다. 그 기록의 일부를 모아 이번 수필공모전에 내게 되었고, 잘 정비되지 않은 글임에도 큰 상을 주셔서 감사드리는 마음입니다.

학부를 다닐 때부터 오랜 기간 봉사를 해오면서 그 목적과 의미에 대해 많이 고민해 왔는데, 이번 '한국 의학도 수필공모전'이라는 소중한 기회를 통해 다시 한번 그 의미를 되새길 수 있었던 것 같습니다. 거창한 이유가 있는 것은 아니지만, 스스로 정의한 가치를 지키며 의료인이 되어서도 봉사에 참여하는 마음을 잊지 않겠다고 다짐했습니다.

바쁘다는 핑계로 기록을 미루었던 적이 많았는데, 이번 공모전을 준비하면서 다시금 매 순간을 부지런히 기록할 동기를 얻게 되었습니다. 매년 의학도 수필공모전을 주관해 주시는 관계자 모든 분께 진심으로 감사드립니다.

> [동상]

서른

이다솔

을지대학교 의과대학 의학과 2학년
dasol0321@gmail.com

서른은 어떤 나이일까. 누군가가 노래한 것처럼 '점점 멀어져가는 청춘'인걸까(김광석, 서른 즈음에), '어른도 아이도 아닌' 나이인 걸까(아이유, 팔레트). 시대의 굴곡을 살아낸 어른들에게는 '아이고 애기네' 소리가 절로 나오는, 여전히 어린아이에 불과한 나이겠지만, 모든 일이 별일인 스물의 나날 속에서 '서른'을 맞는다는 건 당사자에게는 큰 이슈다. '두 발로 올곧이 서야만 할 것'만 같은 의무감 속에서 '어떻게 살아야 할까'를 고민하게 하는 숫자임에는 틀림이 없다.

나는 서른한 살에 의과대학에 진학했다. 지금도 여전히 삼십대 중반의 본과 재학생이니, 아마 내가 졸업장을 받아드는 시점에는 마흔을 목전에 둔 나이일 테다. 띠동갑 동기들 사이에서 '이모님'처럼 보이지 않기 위해 애쓰고, 캠퍼스 인근의 중고등학교 학생들과 새벽 등굣길을 함께할 때면 헛헛한 것이 솔직한 마음이다. '내가 스물 몇에 애를 낳았으면 이미 저만한 자식이 있을 터인데' 싶다. 배움에 나이는 없다지만, 뒤늦게 시작한 의학의 길에서 어떤 의사가 될 수 있을지, 때로 막막하다.

제 한몫의 구실은 해야 한다는 조급함으로 PK를 돌기도 전에 대학병원 원내 실습생을 자처했다. 교수님은 자신과 몇 살 차이가 나지 않는 만학도를 기꺼이 제자로 받아주셨다. 교수님이 속한 완화의료센터에서는 말기 환자의 임종기 치료와 재택 치료를 전담했다. 고백하건대, 특별히 이 분야에 관심이 있어서 자원한 것은 아니다. 다만 본과 정규 실습에 없는 과정인 것 같아 호기심이 생겼다. 종종 정신과 교수님의 교양 수업에서 듣던, '나쁜 소식 전하기 (SPIKES MODEL)' 같은 것들이 어렴풋이 생각났다. 두렵기도, 궁금하기도 했다.

나는 여전히 그 풍경을 묘사할 수 있는 적절한 단어를 찾지 못했다. 담담하다는 단어로 표현할 수 있을까, 숙연하다는 표현이 어울릴까. 진료실에서는 그 누구도 울지 않았다. 환자도 보호자도 주치의도. 다만 이성적인 대화가 그 공간을 채웠다. 가족 구성원 중 누가 간병을 전담하고 있는지, 생의 마지막은 어디에서 어떻게 정리할 것인지 등에 대하여. '지난 주말에는 영정 사진을 찍었습니다'와 같은 이야기를 환자가 풀어낼 때, 나는 짐짓 놀랐다. 차분하고 단단하게 흘러가는 진료실의 역학 속에서 긴장하고 있는 것은 나뿐이었다. 임종기를 이야기하는 교수님의 진료실은 평화롭고 고요하게, 차분히 일렁이는 물결 같았다.

실은 그 물결의 속내가 부단히도 진동하고 있다는 것을, 나는 진료실 문을 닫고 나오며 알았다. 교수님 앞에서 담담했던 어느 보호자는 환자가 화장실에 간 사이, 대기실 벽을 붙잡고 통곡했다.

"호스피스 시설, 거기는 살아서는 나올 수 없는 곳이잖아요…"

꾹꾹 눌러 담아 온 감정과 눈물이 찬 공기 속으로 흩어졌다. 그 마음의 무게를, 나는 아직도 감히 헤아릴 수 없다.

"그래도 가족들과 정리할 시간이 있어서 좋다"는 환자의 말을 곧이곧대로 받아들인 나의 우둔함이 부끄러울 뿐이다. 세상 그 어떤 이별도 '다행인' 이별은 없다. 가슴 찢어지는 슬픔을 서로에게 들키지 않으려 애쓰던 이들은 어떤 이별을 준비하고 있는 것일까.

환자가 진료실에 처음 온 날은 눈이 많이 온 날이었다. 완화의료센터 대기실 통창으로 소복하게 눈이 쌓인 창경궁의 전경이 한눈에 들어왔다. 서울 도심의 이례적인 폭설로 정체가 빚어진 탓인지 환자들의 진료가 많이 지연되었다. '언제쯤 들어갈 수 있을까요'. 어느 중년의 여성은 초조하게 대기실을 오갔다. 그녀의 옆자리에는 한 청년이 앉아 있었다. 큰 키에 아주 마른 체형, 니트 모자를 쓴 그의 모습은 대기실에서도 눈에 띄었다. 연예 매체 어딘가에서 봤을 법한 모습이었다. 12월의 폭설을 뚫고 어머니와 동행한 든든한 아들이려니 생각했다.

'31, M. 종격동 생식세포종양 말기. Terminal Stage로 호스피스 시설 안내 필요'. EMR에 짧게 기록된 협진 의뢰서였다. 진료실에 들어선 환자는 그 청년이었고, 중년의 여성은 그의 어머니였다. 교수님은 초진 환자와 꽤 오랜 시간 이야기를 나누셨다. 그는 고등학교 체육 선생님으로 근무하다 휴직 중인 상태였다. 농구를 좋아해 체육 교사가 되었다고 했다.

'오늘은 진료 후에 뭐해요?' 병원 진료로 서울에 올 때면 친구 집에 머문다고 했다. 서울 이모 집에 거처를 마련해 주셨지만, 친구들을 만나고 싶다고 말했다. 친구들과 모여 앉아 삼겹살에 술 한잔을 함께하는 풍경이 그려졌다.

EMR에 적힌 그의 이름 옆 작은 숫자, '31'. 서른하나. 그와 나는 같은 나이였다. 진료실 데스크를 사이에 두고 서른하나의 임종기 환자와 이제 막 의학도의 길을 걷기 시작한 늦깎이 학생이 마주 앉았다. 나는 스물아홉에서 서른이 되던 12월 31일의 밤을 기억한다. 서른이 되었을 때, 나는 후련했고 설렜다. 나의 삶을 나의 의지로 온전히 선택하는 자유로 행복했다. 여행도 마음껏 다니고 여러 스포츠에도 도전했다. 어린 시절 꿈이었던 아프리카 여행도, 사막 투어도, 히말라야 등산도, 모두 서른하나에 한 일이었다. 막연히 꿈꿨던 것들이 현실이 될 수 있는 나이였다. 스스로 어른이라 칭하기엔 부족했지만, 어찌저찌 내 한 몸 건사하고 살 수는 있으리라 생각했다. 내 힘으로 살아갈 삼십 대의 삶이 기대되었다.

서른의 나이에 암 진단을 받았을 때, 그는 이미 4기였다. 젊은 청년에게 암세포는 무서운 속도로 자랐고, 1년이 채 되기도 전에 임종기 준비를 권고받았다. 하고 싶은 것이 참 많았을 나이, 고작 서른에 그는 삶의 끝자락에 다다랐다. 어린 시절 꿈이었던 고등학교 교사로 부임한 지 얼마 되지 않아, 그는 담임직을 내려놓고 서울 병원에 입원했다. 암 진단을 받은 날, 그는 그의 생식 기능을 주치의에게 물었다. 아이를 낳을 수 있는지, 아빠가 될 수 있는지 말이다. 내가 어른으로서 삼십 대의 삶을 마음껏 꿈꾼 스물 아홉의 겨울, 그 같은 겨울에 그가 꿈꾼 삼십 대의 삶은 무엇이었을까. 나는 그것을 알 리 없지만, 그것이 무엇이었든, 그가 꿈꾼 서른의 삶은 투병 생활이 대체했다.

실습 마지막 날, 내게 할당된 환자 케이스 발표는 그의 케이스였다. 그가 완화의료센터까지 내원하게 된 경위와 그의 종양에 대해 스터디했다. 이미 손쓸 수 없는 상태에서 내원했다고 EMR 기록지는 말해주었다. 그의 삶을 연민하고 싶은 생각은 없다. 그의 삶에 마음을 나눈다는 것은 나의 오만이다. 다만 하얀 가운을 입고 의학의 길에서 처음 마주한, 어떤 의미에서의 '나의 첫 환자'이기에 조금 더 특별할 뿐이다. 남들보다 십 년 늦게 의학의 길을 선택한 서른, 그 첫걸음에 만난 동갑내기 임종기 환자. 그가 보낸 일상과 그가 꿈꾼 서른의 어떤 날들. 우리 엄마와 비슷한 연배인 그의 어머니가 숨어서 흘린 눈물까지. 나의 '첫 환자'인 그를 나는 오래 기억할 것 같다.

완화의료센터 진료실 한켠에 앉아, 나는 의학이 그 무엇보다 복잡한 '생'에 대한 일이 아닐까 생각했다. 누군가의 삶과 사랑에 대하여. 진료실에 내원하는 환자와 그를 사랑하는 모든 이들, 그의 가족과 친구와 동료에 대하여. 하얀 가운을 입고, 내가 가장 먼저 만난 의학은 임종의 풍경이었다. '잘' 죽기 위해, '안녕히' 이별하기 위해. 나는 의학의 그러한 역할을 다하고 싶다. 임종을 이야기하는 완화의료센터 진료실의 잔잔한 물결이 나는 윤슬 같다고 생각했다. 고요히 일렁이는 파도 위로, 누군가의 한평생을 따스하게 감싸는 한 줄기 햇살이 반짝였다.

나의 '첫 환자'를 진료실에서 마주했던 세밑에 병원 외벽에는 '새해 복 많이 받으세요'라는 전광판이 깜깜한 밤중에 빛났다. 나는 나의 동갑내기 첫 환자에게 '새해 복 많이 받으라'는 인사를, 마음으로 건넸다. 여전히 나는 서른에 의대에 진학한 나의 선택이 맞는지, 확신이 없다. 다만 그를 만났던 내 하얀 가운이 부끄럽지 않도록, 서른의 꿈을 담아, 어쩌면 그가 살아내지 못한 그 서른의 몫까지도, 나는 그렇게 환자를 만나고 싶다. 올해 12월 31일에도 나는 그에게 여전히 '새해 복 많이 받으라'는 인사를 건네고 싶다. 의료인으로 내딛는 나의 모든 걸음에 나는 그의 안녕을 기도하겠다. 그가 어디에 있든.

이다솔

을지대학교 의과대학 의학과 2학년

정제되지 않은 투박한 글을 좋게 평가해 주셔서 감사드립니다. 지난 1년 반 동안 학교를 잠시 떠나 터널같이 긴 의료 파업을 겪으며, '과연 이 길이 맞는가, 이 학업의 끝에서 나는 무엇으로 존재할 것인가'에 대해 고민하던 시간이 있었습니다.

다른 이들보다 늦은 나이에 선택한 길이기에 그 고민의 시간은 다소 무겁기도 했습니다. 학교를 갈 수 없는 시간에 저는 병원 실습을 했고, 그 과정에서 저의 '첫 환자'를 만났습니다.

    의업을 택한 선택을 후회하지 않을 것이라고, 그가 저를 오래도록 응원해 줄 것이라 믿습니다. 저의 첫 환자를 기억하고 싶어 글로 남기고 싶었습니다. 의업의 현장에서 숱하게 맞이할 생과 사의 경계에서, 제가 기억하는 첫 환자, 그 환자의 안녕을 염원하며 학생 의사로서 첫걸음을 내딛던 그 마음, 변치 않겠습니다.

동상

다음 환자를
보기 위해서

양승유

충남대학교 의과대학 의학과 4학년

syyang63@gmail.com

죽음은 언제나 조용하다. 예고 없이, 소리 없이 스며든다. 누군가가 세상을 떠나갈 때조차, 창밖의 해는 여전히 떠오르고, 복도 끝에서는 간호사 호출벨 소리가 울린다. 살아있던 누군가는 떠나고, 또 다른 누군가는 그 자리에 남아 다음 환자의 차트를 넘긴다. 마치 아무 일도 없었다는 듯, 병원은 제 속도로 하루를 살아가고 있다.

"환자분이 돌아가셨습니다."

보호자에게 소식을 전하는 교수님 뒤에 서서 이 말을 처음

들었을 땐, 마음속 어딘가가 갈라지는 소리가 났다. 그게 심장이 꺼지는 소리였는지, 생각이 멎는 소리였는지는 몰랐지만, 분명한 건 그 순간 세상이 아주 잠깐 멈췄다는 것이었다.

두 번째는 조금 달랐다. 놀람 대신 정적이 나를 감쌌고, 세 번째부터는 내가 놀라지 않는다는 사실에 오히려 놀랐다. 나는 지금 그 경계에 서 있다. 죽음이 안겨주는 감정의 무게가 너무 무거워서, 나도 모르게 무뎌지고 있었던 걸까. 아니면, 견디기 위해서 감정을 감추는 법을 배워가고 있었던 걸까. 하지만 분명한 건, 마음속 어딘가가 여전히 저항하고 있다는 것이다. 분명히 슬퍼야 하는데, 왜 나는 다음 환자의 차트를 들여다보고 있었을까. 왜 나는, 이 감정을 모른 척하고 있었을까.

처음 내가 병동에서 죽음을 목격한 날은 한여름이었다. 뜨거운 햇볕만이 내리쬐던 회의실은 당직의 피로함과 주말에 대한 기대감으로 조용히 채워져 가고 있었다. 하지만 마치 누군가 마음속으로 '오늘 참 조용하네…'라고 생각을 한 것처럼 정적은 오래가지 못했다.

"코드 블루, 본관 4층 TICU¹, 코드 블루, 본관 4층 TICU"

회의실에 있던 모두가 너무 빠르지도 느리지도 않게 움직이기 시작했다. 누군가에겐 마지막이 될 수 있는 순간에 어떻게 차분할 수 있는 걸까. 안절부절못하며 그 뒤를 따라나선 내 모습은 누가 봐도 죽음을 마주해 본 적 없는 학생 의사였다.

몇 번이고 되살아났던 그 멍든 심장을 힘껏 누르는 내 손끝은 끊임없이 삶과 죽음의 경계를 오가고 있었다. 환자의 삶은 마지막까지 끈질겼지만, 죽음은 그사이를 비집고 조용히 찾아왔다. 환자의 심장은 멈췄고, 간호사는 창문을 열었다. 생명이 떠나갔다는 신호. 하지만 사망선고는 내려지지 않았다. 아직 보호자인 아들이 병실에 도착하지 않았기 때문이었다. 아들이 도착했을 때, 교수님께서는 조용히 말씀하셨다.

"아직 사망선고는 하지 않았으니, 아버님과 대화 나누시고 준비되면 말씀해주세요."

그 말은 당시엔 이해하지 못했지만, 시간이 지나고서야 그

1_ Trauma Intensive Care Unit, 외상중환자실

조용한 배려의 무게를 깨달았다. 사망선고가 내려지기 전까지, 법적으로 그분은 '살아있는 존재'였던 것이다.

아들은 그 말에 조용히 고개를 끄덕이고는, 병상에 누운 아버지 곁에 앉아 한참 이야기를 나누었다. 조용히 속삭이기도 하고, 고개를 끄덕이며 웃기도 했다. 마지막 인사를 다 마친 뒤, 그는 조용히 교수님을 향해 걸어가 고개를 숙였다. 그리고 그제야 사망선고가 내려졌다. 그날 나는 처음으로, '삶'과 '죽음'을 나누는 경계선 위에 내가 서 있다는 것을 느꼈다. 그리고 그 경계를 넘나들 수 있는 권한이 얼마나 무겁고 조심스러운 것인지를 온몸으로 깨달았다.

과거에는 '심정지'와 '죽음'이 동의어처럼 사용됐다. 심장이 멈춘다는 것은 곧 삶도 멈추는 것으로 받아들여졌던 시대. 하지만 현대의학은 그 단순한 연속 관계를 비틀고, 새로운 정의(Definition)를 내렸다. 단지 심장이 멈추었다는 이유만으로 죽음을 선언하지 않는다. '산' 사람과 '죽은' 사람을 가르는 기준은, 이제 의학적 판단과 윤리적 사유, 법적 책임 위에서 이루어진다.

그 권한은 단지 자격증이나 면허가 있다고 주어지는 것이 아니라고 생각한다. 생명의 가치를 어디까지 존중할 수 있는 가, 그 무게를 얼마나 깊이 이해하고 견딜 수 있는가—그런 정의(Justice)에 대한 감각이 있어야만 비로소 허락되는 것 아닐까. 그 어떤 직업보다도 생명의 무게를 깊이 새기며 살아가야 한다는 것을, 나는 책 속의 지식으로도, 직접 마주한 경험으로도 점점 배워가고 있다.

그런데도 이상하게, 죽음이 점점 가벼워져 가는 기분을 떨쳐낼 수 없다. 매일같이 반복되는 임종, 끝없이 이어지는 사망선고, 그리고 그 직후 바로 이어지는 다음 환자와의 만남. 죽음을 목격한 그 손으로, 교수님은 다음 환자의 귀를 진찰했고, 환자 보호자와 소소한 농담을 주고받았다. 처음엔 그것이 믿기지 않았다. 이렇게 큰일이 있었는데, 모든 것이 다시 아무 일 없었던 듯 돌아가도 되는 걸까?

강의실에서 배운 것은 죽음의 기전이었다. 그러나 현장에서 마주한 것은 죽음의 표정이었다. 의학은 분명히 생명을 다루는 학문인데, 그 생명이 사라질 때 우리가 어떻게 행동해야 하는지는 너무 늦게, 그리고 너무 조용히 배웠다. 하얀 코트를 입었지만, 나는 여전히 학생이었고, 보호자 앞에서는 감정조차 정리하지 못하는 미성숙한 존재였다. 이 괴리감은 나를 어지럽혔고 "죽음 앞에서도 평정을 유지하는 게 우리가 해야 하는 일이야."라는 교수님의 말씀은 너무나도 무거웠다. 나는 어떤 평정을 지니고 있었나, 그 평정 속에는 무엇이 들어 있었나.

곰곰이 생각해 보니, 가장 죽음을 자주 목격하는 과의 교수님들일수록 유난히 유머가 많고 장난이 많다는 걸 깨달았다. 처음엔 그 모습이 의아했다. 왜일까? 왜 그렇게 환자 앞에서, 학생 앞에서 밝고 익살스러울까. 시간이 조금 더 지나고 나서야 알게 되었다. 그것은 '죽음을 피하지 않고 마주한 이들'이 살아남기 위해 만든 방어기제였다. Self-preservation through disassociation—죽음을 자주 마주하는 삶 속에서, 감정을 그대로 느끼기엔 너무 많은 것이 무너진다. 그래서 우리는 죽음을 삶의 일부로 받아들이기보다, 삶과 분리된 '현상'으로 바라보는 법을 익힌다. 그것은 회피가 아니라 생존이다. 그 감정의 분리는, 우리가 다시 다음 환자를 향해 나아가기 위한 최소한의 방어막이 된다. 그 장난기 어린 말투는 가벼움이 아니라, 무게를 견디기 위한 균형이었다.

누군가의 죽음을 지켜본 직후, 우리는 다시 차트를 들여다본다. 때로는 너무 덤덤하게. 그 차트 너머에 또 다른 삶이 있다는 걸 알기에 우리는 멈추지 않는다. 죽음을 마주하고도 다음 환자를 웃으며 대하는 이 무심한 평정 속에는 사실 감추어진 고통과 다짐이 있다. 그럼에도 우리는 매번 조용히 결심한다.

'죽음 앞에서조차 흔들리지 않는 사람이 되자.'

우리가 무뎌진 것이 아니라, 고통을 이겨내는 방식이 달라졌을 뿐이라는 것을 우리는 안다.

삶과 죽음의 경계에서, 우리는 스스로에게 묻는다. 왜 이 길을 택했는가. 왜 계속 걸어 나가는가.

그리고 대답한다.

"다음 환자를 보기 위해서."

양승유

충남대학교 의과대학 의학과 4학년

의정 갈등이라는 쉽지 않은 시간을 지나, 다시금 의료계 안팎에서 소통과 화합의 장이 열리고 있는 지금, 이렇게 뜻깊은 한국 의학도 수필공모전에서 수상하게 되어 큰 기쁨과 감사의 마음을 느낍니다. 그간의 과정 속에서 저 역시 학생 의사로서 내가 서 있는 자리를 돌아보고, 앞으로 어떤 길을 걸어야 할지 묵직한 질문을 마주할 수 있었습니다.

학생 의사로서 처음으로 죽음을 눈앞에서 맞이하며 느낀 생생한 경험을 담담히 기록한 글이었는데 그 순간 순간은 두려움과 무력감으로 가득했지만, 동시에 의사라는 존재가 환자의 삶의 마지막에 어떻게 서 있어야 하는지 깊이 성찰하게 해주었습니다. 제 마음속에는 오래 남을 기록이었지만 다른 분들께는 어떻게 다가갈지 걱정도 되었는데, 많은 분께 공감을 얻고 닿았다는 사실이 제게는 무엇보다 큰 선물처럼 다가옵니다.

죽음을 바라보는 일은 결코 가볍지 않지만, 그 무거운 경험이 오히려 우리가 왜 이 길을 선택했는지, 무엇을 지켜야 하는지를 묻는 출발점이 된다고 믿습니다. 저는 이 작은 기록이 필수 의료와 바이탈 의료의 최전선에서 묵묵히 환자를 지켜내고 계시는 선배 의사님들께도 잠시나마 위로와 힘이 될 수 있기를 간절히 바랍니다.

앞으로도 저는 배우는 학생으로서, 또 곧 의사의 길을 걸어갈 한 사람으로서 삶과 죽음을 정직하게 바라보고, 그 사이에서 느낀 성찰을 진정성 있게 글로 남기려 합니다. 이러한 노력이 언젠가 환자 곁에 더 따뜻하고 단단히 설 수 있는 밑거름이 되기를 소망합니다.

매화와 달

대한민국 미술대전 문인화 부분 특선작(2022년)
135cm x 70cm

퇴계 선생의 매화 시 한 수를 음미해 본다.
차가운 밤 산속 창가에 홀로 기대서니
매화 핀 가지에 둥근달이 떠 오르는구나
구태여 미풍이 불어와 무엇 하나
스스로 피어나는 맑은 향이 집안에 가득하거늘

獨倚山窓夜色寒(독의산창야색한)
梅梢月上正團團(매초월상정단단)
不須更喚微風至(불수갱환미풍지)
自有淸香滿院間(자유청향만원간)

표지그림 작가

김석권(金碩權 Kim, Seok Kwun) 아호 松巖

대한민국 미술협회 문인화분과 회원, 초대작가. 우수상2회, 특선2회, 입선3회
부산 미술협회 문인화분과 회원, 초대작가. 우수상, 특선4회, 입선2회
한국 문인화협회 회원 초대작가, 한국서도협회 문인화 회원 초대작가,
부경 서예협회 문인화 초대작가, 양동마을 서예협회 문인화 초대작가 심사위원
소치 미술협회 문인화 추천작가, 갑오동학 서예협회 문인화 추천작가.
한국 의사서화협회 회원

시의 정경이 눈앞에 그려진다.

벼루에 먹을 고요히 갈아 깨끗한 먹물을 만들고 화선지 전지를 탁자 위에 올려 펴고 문진으로 누른 후 나타난 마음속의 이미지를 화선지에 옮겨보려 한다.붉은색 홍매를 표현해 볼 요량이다.

한 100년쯤 묵은 매화나무 등걸을 담묵으로 그리고, 중묵으로 가지를 친 후 연한 붉은색으로 정면으로 핀 꽃, 옆으로 핀 꽃, 위로 보고 핀 꽃, 뒷면만 보이는 꽃 등을 그려 넣어 다양한 꽃의 모습을 그리고 나뭇가지의 끝쪽에는 개화 직전의 꽃, 꽃망울 터뜨리기 전의 모습, 큰 꽃망울 작은 꽃망울을 그려 넣는다. 이제 꽃받침을 꽃 모양에 따라 크고 작게 찍어 넣되 나무에 찍은 태점과도 어울리게 한다. 꽃 수술도 그려 넣고 그린 꽃이 마르고 나면 노란 채색을 하여 꽃이 더욱 산뜻해지게 한다.

나뭇가지에 걸린 둥근 달을 그릴 차례이다. 아직 추운 계절이니 옅은 푸른색으로 그리는데 계수나무와 옥토끼가 느껴지도록 옅게 채색을 한다. 매화나무의 둥치와 가지에도 옅은 나무색을 입히고 둥치의 아래쪽에는 옅은 푸른색을 입혀 고목에 이끼가 핀 것처럼 느낌이 나게 해주면 묵 색과 어울려 더욱 질감이 풍성해진다.

화룡점정(畫龍點睛), 마지막으로 화제 글을 쓰는데 화제 글과 도장을 찍는 것을 낙관이라 한다. 문인화의 또 다른 매력은 낙관이라 할 수 있는데 그림을 그리면서 미리 화제 글과 도장이 들어갈 위치까지도 염두에 두어야 한다. 그림을 그려놓고 보니 또 다른 한시 조범趙范의 시구가 떠 오른다.

반창도화 매월화半窓圖畫 梅花月
일침파도 송수풍一枕波濤 松樹風
반창에 그린 그림 매화에 달 떠있고
베갯머리 파도 소리 소나무 바람 이네.

이 조범의 시구를 그림의 좌측 상단에 종으로 화제글로 써 넣고 도장을 찍어 그림을 완성하였다. 그려진 '매화와 달'을 감상하며 퇴계 선생의 시도 다시 떠올려 본다.

'매화 핀 가지 끝에 둥근 달이 떠 있고, 미풍이 불어오지 않아도 스스로 맑은 향기를 피워내는구나.'